设计领导力

创新 · 系统 · 商业

胡晓 / 编著

Design Leadership

清华大学出版社

北京

内容简介

本书是国际体验设计大会演讲案例的论文集，汇聚了数位当下具有影响力的国内外知名企业的设计师、商业领袖、专家的实践案例与前沿学术观点，分享并解决了新兴领域所面临的问题，为企业人员提供丰富的设计手段、方法与策略，以便他们学习全新的思维方式和工作方式，掌握不断外延的新兴领域的技术、方法与策略。

本书适合用户体验、交互设计的从业者阅读，也适合管理者、创业者、相关专业的学生以及即将投身于这个领域的爱好者阅读。

图书在版编目（CIP）数据

设计领导力：创新·系统·商业 / 胡晓编著.

北京：清华大学出版社，2024.7. -- ISBN 978-7-302
-66597-7

Ⅰ．F272.91

中国国家版本馆CIP数据核字第2024AX4390号

责任编辑：张　敏　薛　阳
封面设计：郭二鹏
责任校对：胡伟民
责任印制：曹婉颖

出版发行：清华大学出版社
　　　　　网　　　　址：https://www.tup.com.cn，https://www.wqxuetang.com
　　　　　地　　　　址：北京清华大学学研大厦A座　　　邮　　编：100084
　　　　　社　总　　机：010-83470000　　　　　　　　邮　　购：010-62786544
　　　　　投稿与读者服务：010-62776969，c-service@tup.tsinghua.edu.cn
　　　　　质　量　反　馈：010-62772015，zhiliang@tup.tsinghua.edu.cn
　　　　　课　件　下　载：https://www.tup.com.cn，010-83470236
印　装　者：涿州汇美亿浓印刷有限公司
经　　　销：全国新华书店
开　　　本：188mm×260mm　　　印　　张：18　　　字　　数：445千字
版　　　次：2024年9月第1版　　　印　　次：2024年9月第1次印刷
定　　　价：128.00元

产品编号：105265-01

前

言

▼

当前，全球企业正处于瞬息万变的业务环境中，设计比以往任何时候都更具有战略意义，影响着用户、产品、品牌、文化、价格、印象、体验、创新、组织、管理和企业的竞争力。设计驱动创新、系统发展、商业增长，是我们面临的机遇与挑战。基于可持续增长的使命，我们必须以设计思维对用户、产品、品牌、组织与企业进行整体规划，确保解决方案与组织的整体战略和愿景一致，推动企业创新和增长，提升竞争力，实现全人类福祉可持续发展。

创新

人类高质量的发展离不开创新。技术的创新与进步，正在让人们的生活、工作变得更加智能、便捷与高效。在人工智能时代，我们面临的挑战不仅仅是创造新产品，更是通过设计思维进行用户洞察，充分发挥创意，驱动企业获得竞争力，帮助定义一个全新的数字文明阶段的特征，帮助我们设想并引领一个新世界。

系统

降本增效是企业可持续增长的关键，人类福祉的可持续发展，不仅是单一产品、单一模式那么简单，还涉及各个行业完整的系统与生产链条，以及与之有着相互依存关系的社会、文化、生态和经济等。我们需充分发挥洞察力，通过设计驱动创新、系统发展，链接企业、产品与服务，打造一个更加安全、有保障的生态世界。

商业

发挥设计引领创造价值以提升企业竞争力。我们始终以用户为中心，充分关注用户价值，加强企业在产品体验设计、商业模式设计等方面的内驱力，运用增长设计、工具化等手段帮助商业指标获得增长，由内而外提升企业竞争力，实现商业成功。好设计，好体验，好商业，设计引领是企业永恒不变的常量。

本书特色

本书汇集了国际体验设计大会的精华篇章，记录了国际最具影响力的知名企业、院校的设计案例集萃，剖析了这些引领者的大量成功案例、前沿学术观点、实用的设计方法论与设计团队管理策略。希望每位设计从业者、创新实践者都能通过阅读本书，从容应对未来挑战，把握住机遇与风口，从"创新""系统""商业"三个关键维度出发，认真探索与分析我们正在亲历的创新与改变，启发行业在变局中的深思，以设计引领创造价值。

致谢

我衷心地感谢为本书提供优质内容的每一位作者，他们分别是Don Tae Lee、Joris Groen、Leonardo Mariani、田斌、张景翔、操顺鑫、昌琳、霍然、王婷婷、张皓、张乐、段蕾、罗颖灵、洪容菁、陶琼、杜保洛、李士岩、王玮、杨元祖、任和、沈健、袁梦琪、曹雪、杜稼淳、赵明义、姚云骐、王吉欣、张昊然、刘双喜、张日华、成娅楠、王珺、吴恺君、杨晓婉。感谢对本书编撰提供全力支持的张运彬、苏菁、张敏等。

参考文献

胡晓

2024年6月

目

录

▼
▼

第1章

创新与变革 \ **001**

第2章

研究与探索 \ **059**

第1章
创 新 与 变 革

我们将深入探讨中国是如何从"制造大国"向"制造强国"迈进的，并且对这个过程中积累的实践经验和取得的系列成绩进行全面介绍。我们将以设计的关键驱动力作为切入点，通过对比分析得出美国、日本和欧洲的一些国家制造强国背后的设计强国逻辑。

同时，我们还将继续系统梳理中国为推动工业设计高质量发展所制定和实施的相关政策。这些政策旨在引导企业将设计融入产品研发、生产和销售的全过程，从而实现从"中国制造"到"中国创造"、从"中国速度"向"中国质量"，以及从"中国产品"向"中国品牌"的转变与跨越。

此外，我们还将对国家级工业设计中心和国家工业设计研究院的以评促建的成果进行深入分析。通过这些案例，我们将展示设计强企、设计强市、设计强省与设计强国战略在中国的具体实践。

1. 中国制造的大国之路

在曲折中快速前进。图上一组数据，从中国制造业产出占全球的比重来看，1830年占比达到30%，1900年降到6%，1990年降到3%，2022年占比又回到了30%。

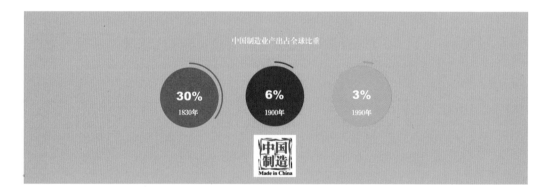

通过这组数据可以看出，中国制造经历了四个阶段。第一个阶段，20世纪80年代作坊性的制造，主要是在沿海地区一批乡镇兴起，一镇一品一个制造业集群；到了20世纪90年代，开始出现了国退民进，民营企业开始大步发力，出现了很多中小工厂；到了2000年以后，开始出现大规模的生产，当然，产品也都是引进消化吸收，更多的是模仿、制造；到了2010年，腾笼换鸟政策出台，制造业快速实现发展，同时也出现东部制造向中西部转移的趋势。

20世纪80年代的作坊

温州一镇一品最为知名，这样的产业集群制造，也带火了下游的批发分销：义乌小商品市场。

20世纪90年代的工厂

国退民进，民营胆大、关系者，低价把国企的土地、设备、技术工人接收过来，以市场化的产品、管理、薪酬激励，重新盘活。

中国制造业四个阶段历程

2000—2010年的工厂

大规模生产。在2008年以前，沿海发达城市出现很多万人工厂。各种问题和劣质、低端制成品层出不穷。

2010年后的工厂

腾笼换鸟，黑心工厂被挤死或者升级。设备和厂房也升级了，制造业快速发展，工厂不局限在沿海城市，而是多地开花，中西部承接转移。

从现在开始，中国可以说是制造大国，但是也存在着大国的不足之处，例如，大而不强，全而不精，精而不独。中国制造了全球30%的箱包、60%的服装鞋帽、65%的智能手机、80%的个人计算机，还有85%的家电产品，但是在1990—2010年之间，中国仍然是世界上中低端制造业的重要基地，正处在向大国转型的过程中。

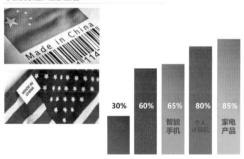

中国制造大国之路

1990—2010年中国经济腾飞的年代

世界中低端制造业的重要产地

艰难的转型过程

世界工厂大而不强！全而不精！精而不独！

30%　60%　65%智能手机　80%个人计算机　85%家电产品

赫尔曼·西蒙对全球2734家"隐形冠军"（我们称为"专精特新"）进行了统计，德国企业几乎占到了一半，有1307家，美国有366家，日本有220家，中国当时有68家，通过这一组数据可以看出，我们大而不强。

中国制造大国之路 / 大而不强

赫尔曼·西蒙　德国著名的管理思想家，"隐形冠军"之父

全球 **2734** 家隐形冠军

德国每百万居民"隐形冠军"企业数量是16家

德国 1307　366　日本 220　68

美国　中国

细分行业的"隐形冠军"和"高精尖特"企业一起，构成了一国制造业在国际市场上最核心的竞争力之一。

2010年以后，各个国家纷纷出台了制造业的创新战略，例如，美国在2012年出台了先进制造业国家战略，在2014年出台了工业互联网战略，德国在2013年出台了工业4.0战略，同年出台的还有日本的再兴战略、新工业法国战略（更新了的第二个版本），以及英国的工业

2050，2014年出台的有欧盟的地平线、韩国的未来增长动力落实计划，包括我们的邻居印度，也都出台了相关的制造业的国家战略。

中国也在2015年出台了中国制造2025，提出力争用十年的时间，到2025年，迈入制造强国的行列，这是第一步；第二步，到2035年，中国制造业整体达到世界制造强国阵营中等水平；第三步，中华人民共和国成立100年时，中国制造业大国地位更加巩固，综合实力进入世界制造强国前列。由近年来我国制造业增加值情况可以看出，从2012—2021年，中国的制造业发展非常快，制造业增加值从16.98万亿元增加到了31.4万亿元，占全球制造业比重近1/3，现在再回想一下，其实我们在1830年就已经达到了30%的水平，接近1/3。

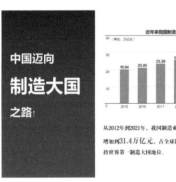
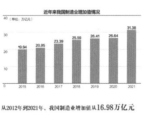

下面是两组数据。第一组数据是工业的增加值，1992年中国的工业增加值突破1万亿元，紧接着通过十几年的发展，到2007年突破了10万亿元。随后，经过五年，达到了20万亿元，然后再用了六年的时间，到2018年突破了30万亿元，2022年，中国已经实现了40万亿元的工业增加值。整个的工业价值占GDP的比重达到了33.2%。还有一组数据是制造业增加值占GDP的比重达到了27.7%，最近几年一直维持在这个水平，要讲究制造业占比稳定，中国已经连续13年居于世界首位。

2. 当前中国制造业发展的宏观形势分析

中国当前制造业发展的宏观形势有三个变化。第一个变化是出现了新一轮的科技革命和产业变革，数字化、网络化，智能化和绿色化等热词涌现。

第一个变：新一轮科技革命和产业变革

- 新一轮科技革命和产业变革从准备期、孕育期进入了**密集应用期、加速融合期。**

  —— 新一代信息技术、生命科学、先进制造、新能源等领域技术实现**群体突破。**

- **数字化、网络化、智能化、绿色化**成为制造业发展大趋势。

第二个变化是当前的国际力量发生了深刻的变化。以前是美国指责我们，我们辩解，现在是美国对我们进行制裁，我们进行反制，这是国际力量发生的变化。第三个变化是产业链、供应链、价值链竞争格局发生变化。当然，现在也是伴随着四次产业转移，正在发生第五次产业转移。最早一次是英国向美国转移，美国再向日本转移，日本向四小龙（韩国、中国台湾、中国香港和新加坡）转移，最后都转移到中国。现在是中国开始向东南亚非洲国家、"一带一路"沿线国家进行转移，整个产业链供应链的格局也在发生着转变。

第二个变：国际力量对比发生了深刻变化

世界老大 VS 世界老二

以前都是美国指责，中国辩解，
美国制裁，我们强烈谴责。

第三个变：产业链供应链价值链竞争格局的变化

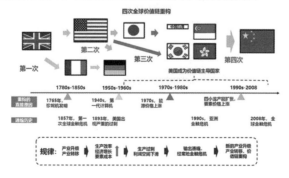

当前中国制造业有两个很明显的特点。第一，发达国家提出了工业化战略，对中国实行高端制造业的回流。第二，发展中国家，特别是东盟国家也对中国形成了中低端的分流，所以中国制造业面临着两头的压力。

3. 历史性跨越：成就和亮点

下面谈一下中国工业发展的历史成就。中国的制造业是立国之本、强国之基，制造业的高质量发展，是中国经济高质量发展的重中之重。中美贸易战，除了产品之间的贸易流通，实际上更多还是打的科技战。

中国正在推动制造业高质量发展，在行业部门制定了一些政策，也取得了许多的成果。美国的制造业占比11%，中国基本上维持在27%，中国高于其他发达国家，基本上稳定在1/4以上。当然，中国"十四五"规划明确提出，要保持制造业占比稳定。按照以前的工业分类，中国有39个工业大类，110个工业中类，还有525个小类。在这500多个工业分类当中，中国有1/4排名全球第一。

这个分类后来进行了调整，变成41个大类，207个中类，666个小类，中国是世界上唯一一个整个工业门类最齐全的国家。同时中国在发电设备、输变电设备、轨道交通设备和通信设备等产业领域都位于国际领先的地位，这是中国制造业加速创新驱动发展的成绩。

在工业化和信息化这两化的深度融合上，数字化、网络化和智能化的特点日益明显。工业互联网平台的数量超过了100个，连接的设备数量达到了7600万台，企业经营管理数字化

普及率超过了80%，关键工序数控化率超过了68%，数字化研发设计工具普及率也超过了85%。当然，我们用的更多的是国外的一些研发工具，中国原创的设计类软件，相对还是少一些。

企业经营管理数字化普及率 **80%**

关键工序数控化率 **68%**

数字化研发设计工具普及率 **85%**

中国加快 **两化深度融合**

工业互联网平台数量超过**100**个

设备连接数量超过**7600**万台套

数字化 网络化 智能化

工业化和信息化深度融合

除了刚才谈到了一些明确的数据，我们更多地体现在制造业的创新能力上，中国制造业的创新能力和创新载体，更多地体现在中小企业的身上。中国中小企业具有"56789"的特征，即贡献了50%的税收，60%的生产总值，70%的技术创新和80%的就业，占到了90%的企业数量。所以中小企业能办大事，中小企业里面的制造业企业，同样可以办大事。

中国现在正在推动"专精特新"，现有的"专精特新"的"小巨人"重点企业已经达到了1.2万家，这是快速发展的重要成绩。

中小企业 **蓬勃发展**

从小到大、由弱到强

专精特新 "小巨人"企业

专业化、精细化、特色化、新颖化的发展特征

我国中小企业具有 **"56789"典型特征**

(税收、生产总值、技术创新、就业、企业数量)

中华人民共和国工业和信息化部正在推动的还有国家先进制造业集群，中国现在已经有45个国家级先进制造业集群，总产值超过了20万亿元，下图是这些集群体现的数据，供大家来参考。

国家先进制造业集群

是制造强国的重要标志

45个国家级集群产值超20万亿元

拥有国家级技术创新载体 **1700多家**

培育创建单项冠军企业 **170多家**

专精特新"小巨人"企业 **2200多家**

国家制造业创新中心 **18家 70%**

打造世界级先进制造业集群

"中国制造业发展正处于一个重要关口"

集群领域	数量
新一代信息技术领域	13
高端装备领域	13
新材料领域	7
生物医药及高端医疗器械领域	5
消费品领域	4
新能源及智能网联汽车领域	3

4. 一种视角：工业设计来赋能制造强国建设

工业设计如何赋能制造强国建设，可以通过定性来谈设计的作用。一个国家的工业设计能力越强，其制造业发展水平和制造业的创新能力就越强，其所激发出的产品价值力和市场驾驭力也就越高，它的工业创新动力和市场竞争能力就越活跃。

国际经验表明，创新设计发展水平已经成为了国家产业核心竞争力的一个重要体现。美国、日本和欧洲的一些国家，都非常重视设计创新。

谈到工业设计能力的提升，举个例子，美国除了是制造强国，同时也是设计强国，美国的特斯拉和波音代表着它的设计能力和创造能力，工业设计能力的代表还有英国的斯特林发动机、德国的汽车（奥迪、奔驰、宝马）、日本的家用电器，以及韩国的柔性玻璃、显示器等。

所以工业设计发展水平和国家核心竞争力是成正比的。当然工业设计和技术一样，也是摆脱制造业短板、卡脖子领域的关键所在。

现在我们谈制造大国向制造强国迈进，我们现在大而不强，那么在这个迈进过程当中，工业设计到底能发挥什么样的作用呢？

首先来了解一下什么是制造大国。制造大国有三个特征，第一是造得全，第二是造得多，第三是造得快。

其次，什么是制造强国？制造强国也有三个特征，第一是造得精，第二是造得优，第三是造得独，就是别人能造的我们能造，别人造不了的我们照样可以造。这就是制造大国和制造强国的区别。

习近平总书记提出"三个转变"，要求推动中国制造向中国创造转变、中国速度向中国质量转变、中国产品向中国品牌转变。在国家战略的大型调整过程当中，我们一定要讲好设计到底在其中发挥什么样的作用，把我们的工作，这个天花板要抬得很高。

我觉得第一个就是，在中国制造向中国创造转变的过程当中，设计是关键。就是我们能设计出来的，就一定能造出来。我们要引领制造、提升制造，同时要优化制造。设计要实现源头在我、创新在我、前沿在我和资源在我。设计要在中国制造向中国创造转变的过程中，发挥关键的作用。

第二个是，在中国速度向中国质量转变的过程中，设计发挥着支撑的作用。它可以设计出标准化的流程，可以设计出关键性的环节和产品的全生命周期。

第三个是，在中国产品向中国品牌转变的过程中，设计是路径。设计要赋能产品的软实力，包括文化属性、情感属性和流通属性。例如，我们以前总买德国的产品、美国的产品，现在中国制造的产品同样也非常好用，体现了产品的附加值。

另外设计赋能产品的软实力也体现在汽车上，奔驰、宝马汽车的保值率比较高，如果设计赋能中国国产的汽车，使它的保值率也能像奔驰、宝马一样，那这就是设计发挥的作用，体现了产品向品牌赋能的作用效果。

因此，政府出台了很多相关的文件来推动设计的发展。

我国政府高度重视发展工业设计。在我国政府的指导性文件中，首次使用"工业设计"的概念是2006年的《十一五规划纲要》，纲要**将"工业设计"归于生产性服务业。**

《十二五规划纲要》将**工业设计列入生产性服务业中的高科技服务业。**

《十三五规划纲要》中提出，**以产业升级和提高效率为导向，发展工业设计。**

《十四五规划纲要》中也明确提出，**要聚焦提高产业创新力，加快发展研发设计、工业设计等服务。**

中国也开展了国家级工业设计中心的评定工作，很多企业都参与到这项工程当中。中国有298家国家级工业设计中心、约4000家省级工业设计中心。通过以评促建来带动很多企业重视设计，当然，也希望企业能知政策、懂政策、用政策，了解国家在这十年当中，为推动设计产业发展而出台的鼓励政策和支持政策。

·中国国家级工业设计中心概况

为贯彻落实《关于促进工业设计发展的若干指导意见》
加快工业设计发展，工业和信息化部决定开展国家级工业设计中心认定工作

首批认定了32家
全国范围内首批认定了32家国家级工业设计中心，其中企业工业设计中心26家，工业设计企业6家

第三批认定了47家
企业工业设计中心43家，工业设计企业4家

第五批认定了128家

2013　2015　2017　2019　2021

第二批认定了34家
企业工业设计中心24家，工业设计企业10家

第四批认定了62家
企业工业设计中心49家，工业设计企业13家

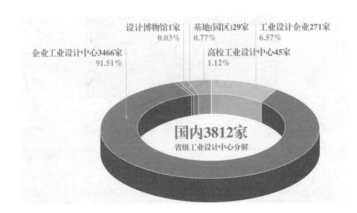

设计博物馆1家 0.03%　基地(园区)29家 0.77%　工业设计企业271家 6.57%
企业工业设计中心3466家 91.51%　高校工业设计中心45家 1.12%

国内3812家
省级工业设计中心分解

中国还推动了国家工业设计研究院的建设工作，类似公共服务缺失、基础研究能力不足、设计数据化的共享不足等，我们都可以通过国家工业设计研究院来推动。

为什么要建设国家工业设计研究院

我国工业设计发展速度较快，但公共服务缺乏、基础研究不足、设计数据积累和成果共享不够，已成为制约行业进一步发展的瓶颈。一定程度上影响了制造业提质增效。

创建国家工业设计研究院，**打造一批工业设计公共服务与研究机构**是工业和信息化部和相关部门提升工业设计公共服务和基础研究水平的重要举措，是突破行业发展瓶颈的迫切需要。

《国家第十三个五年规划纲要》在"优化现代产业体系"篇"实施制造强国战略"部分，特别提出"设立国家工业设计研究院"。将创建国家工业设计研究院，作为发展工业设计的重要抓手。

这也是迄今为止，唯一项列入国家规划纲要的工业设计具体工作。

国家工业设计研究院

《国家第十三个五年规划纲要》在"优化现代产业体系"篇"实施制造强国战略"部分，特别提出"设立国家工业设计研究院"。将创建国家工业设计研究院，作为发展工业设计的重要抓手。

这也是迄今为止，唯一项列入国家规划纲要的工业设计具体工作。

时间	文件名	主要内容
2014.3	《关于推进文化创意和设计服务与相关产业融合发展的若干意见》	借鉴韩国"设计振兴院"英国"设计委员会"等经验，设立国家级设计促进组织，建立国家级"工业设计研究院"等公共服务平台，并设立专项资金支持。
2016.7	《发展服务型制造专项行动指南》	继续开展中国优秀工业设计奖评选，推动建设国家工业设计研究院，创建一批国家级工业设计中心和工业产品生态（绿色）设计示范企业。
2018.7	《国家工业设计研究院创建工作指南》	深入贯彻落实党的十九大和十九届二中、三中全会精神，以习近平新时代中国特色社会主义思想为指导，坚持新发展理念，以塑造新动能、支撑制造强国建设为目标，坚持市场导向和问题导向，创新体制机制，面向共性需要，补齐行业短板，打造一批工业设计公共服务及研究机构，构建覆盖不同区域、不同行业的工业设计研究院网络，保障和推动制造业高质量发展。
2019.10	《关于印发制造业设计能力提升专项行动计划（2019-2022年）的通知》	高水平建设国家工业设计研究院，提高工业设计基础研究能力和公共服务水平。推广工业设计"新工科"教育模式，创新设计人才培养方式，创建100个左右制造业设计培训基地。

最近几年，国家出台了一些相关文件，通过以评促建，认定了第一批的国家工业设计研究院，一共5家。现在正在进行培育第二批国家工业设计研究院的工作。

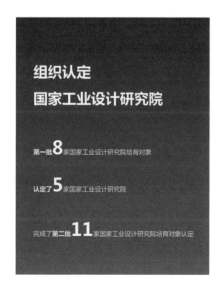

组织认定
国家工业设计研究院

第一批 **8** 家国家工业设计研究院培育对象

认定了 **5** 家国家工业设计研究院

完成了第二批 **11** 家国家工业设计研究院培育对象认定

第一批国家工业设计研究院

序号	省份	申报单位名称	主要服务行业或领域
1	上海	中国工业设计（上海）研究院股份有限公司	数字化领域
2	浙江	浙江树创科技有限公司（中低压电气工业设计研究院）	中低压电气行业
3	福建	陶瓷工业设计研究院（福建）有限公司	陶瓷行业
4	山东	山东省工业设计研究院（烟台）	智能制造领域
5	广东	广州坤银生态产业投资有限公司（广东省生态工业设计研究院）	生态设计领域

第二批国家工业设计研究院培育对象

序号	省份	申报单位名称	主要服务行业或领域
1	辽宁	沈阳创新设计研究院有限公司	重型机械
2	上海	上海市纺织科学研究院有限公司	纺织材料
3	江苏	江苏徐工工程机械研究院有限公司	工程机械
4	浙江	浙江省现代纺织工业研究院	纺织印染
5	浙江	浙江永蝶工业设计研究有限公司	日用五金
6	山东	淄博冠中工业设计研究院	健康医疗
7	湖北	湖北省诊疗设备工业设计研究院有限公司	诊疗设备
8	湖南	湖南国研交通装备工业设计有限公司	先进轨道交通装备
9	广东	广东湾区智能终端工业设计研究院有限公司	智能终端
10	四川	四川省工程装备设计研究院有限责任公司	核技术应用
11	青岛	青岛轮云设计研究院有限责任公司	轮胎制造

最后分享一下我个人关于工业设计赋能制造强国的一些想法。我认为首先是设计强企，如我们建设国家级工业设计中心，就是想通过工业设计来服务制造业企业进行高质量发展。第二是设计强市，如宁波市就出台了相关的文件，提到要打造设计强市的新名片。当然，像武汉、北京、深圳、上海等都是世界设计之都，这是设计强市的逻辑。第三是设计强省，像河南的省委书记亲自召开"设计河南"座谈会，这是省里一把手来推动这项工作，把设计提升到强省的战略当中。最后是设计强国，制造大国未必是设计强国，但是制造强国的背后，一定是设计强国。

工业设计赋能制造强国的思考

设计强企的角度
截止目前，全国拥有298家国家级工业设计中心，3800多家省级工业设计中心。通过以评促建，10年来，培育一大批具有较强工业设计能力的制造业企业，设计公司，以及优秀的设计人才。

设计强市的角度
宁波市2013年出台了《宁波市创意设计产业三年行动计划（2013—2015）》，明确将"产业化"作为宁波发展工业设计的主要方向，提出通过工业设计产业全力打造"设计强市"新名片。打造世界设计之都：武汉、北京、深圳、上海

设计强省的角度
河南省委书记出席"设计河南"建设专题协商座谈会，强调要把"设计河南"建设放到现代化河南建设全局中审视和把握，前瞻谋划布局，聚焦重点突破，加快构建设计产业集群、产业生态，推动我省更多产品产业成为国内大循环和国内国际双循环关键环中高端

设计强国的角度
制造大国不一定是设计强国，但制造强国的背后一定是设计在有力支撑。所以，制造强国一定也是设计强国。设计强国应该上升为国家战略，需要顶层设计，用战略的思维加以推动。

所以我们希望各方共同努力，为推动工业设计高质量发展贡献力量。下面有四个方面希望和各位来共同推动。第一个方面是，希望共同努力来推动设计强企、设计强市、设计强省、设计强国战略，特别是设计强国战略写入政府文件中。因为有了制造强国，才会有专精特新，才会有工业互联网，才会有智能制造示范车间，才会有各类相关的政策，包括财政的支持。我们现在的设计战略只到了省级层面，还没有上升到国家层面，这是我们需要共同呼吁和推动的。

第二个方面是为发挥工业设计对制造业发展的牵引作用建言献策，这是我们作为研究部门需要和企业来共同呼吁的。

第三个方面是为设计出海服务"一带一路"沿线国家、金砖国家、上合组织成员国、东盟国家等以我国为主的多边外交战略贡献智慧。要把设计这项工作的天花板再抬高一点，第一是服务于强国建设，第二要服务于大国外交，这也是2021年我们提的一些政策建议，被当

时时任国务院总理的李克强提出来，特别是要探索中国东盟工业产业设计合作，这就是把工业设计首次和多面外交相结合。

第四个方面是为广大企业知政策、懂政策、用政策、以评促建提升企业设计水平持续奋斗。让更多的企业去了解设计，用设计。这样不仅对企业的发展有带动作用，还能帮助广大从事设计相关的工作者，包括科研工作者和一些行业协会的工作者，更好地开展工作，对他们进行有效的支撑。

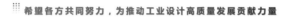

希望各方共同努力，为推动工业设计高质量发展贡献力量

| 为推动**设计强企****设计强市****设计强省****设计强国**战略写入政府文件不懈努力 | 为发挥**工业设计对制造业发展**的牵引作用建言献策 | 为设计出海服务**"一带一路"沿线国家、金砖国家、上合组织成员国、东盟国家**等大国外交战略贡献智慧 | 为广大企业知政策、懂政策、用政策、以评促建提升企业设计水平持续奋斗 |

田斌

清华大学博士毕业，获工学学士、法学硕士、政治学博士，法国巴黎政治学院访问学者。现任工业和信息化部国际经济技术合作中心工业经济研究所所长，国家航空工业国际合作战略咨询委员会委员，清华大学"一带一路"战略研究院研究员。获评"光华龙腾奖·中国设计业十大杰出青年"，长期从事工业设计政策研究工作，承担工业和信息化部《工业设计园区政策研究》《国家级工业设计中心发展报告》《推动工业设计赋能制造业高质量发展》等多项工业设计领域课题研究，两次获工业和信息化部优秀研究成果一等奖。

主编《2021工业设计蓝皮书》，承担国家级工业设计中心评定与复核、国家工业设计研究院培育与认定等专项支撑工作，负责中国国际工业设计博览会策划、组织工作。牵头策划的"工业设计服务地方行活动"被列为全国中小企业服务月工业和信息化部部属单位十大品牌活动，并获2022年工业和信息化部"创新之星"青年岗位建功大赛一等奖。

此外，田斌所长也长期致力于研究国际经济合作及产业政策。曾考察调研过中亚五国、外高加索三国、欧洲诸国以及蒙古、泰国、新加坡、马来西亚等"一带一路"沿线30多个国家；承担工业和信息化部、商务部、中国工程院及地方政府等多项重点课题；出版《经济制裁：有效与人道的权衡》《中国企业跨境并购年度报告》《中国工业设计发展报告》等多部著作；在国内外期刊杂志发表数十篇文章。

科学技术的显著发展每天都为消费者提供全新的生活体验。每家公司都在尝试用多年积累的专业知识和经验，以其独有的方式与客户进行沟通。这些独有的沟通方式通过不同的方法发展而成。其中，设计是科技和用户体验之间最有效、最具建设性的沟通方法之一。现今设计正在成为上述方式的先锋。它直接地展现在品牌之中，而不再作为一个"背后的助手"来完善客户体验这一重要环节。设计领导力帮助我们更好地理解这种设计范式展现的重要性，并使它在各领域的企业中发挥着必不可少的关键作用。通过这个演讲，我们将首先了解什么是设计领导力，以及重视它的必要性。我还将对深刻认识及认同设计领导力重要性的执行者们，提出可以创造客户信任的设计领导力的建议。最后，我将针对设计领导力未来应该如何应对迅速变化的市场环境和趋势提出建议。

今天我想说的是设计领导力。我认为客户会很喜欢以人为中心思想的解释呈现，特别是对市场上从未出现过的技术，设计负责确保产品不会使人们感到害怕担忧。要实现这一点，设计师需要深入研究人类的行为。

在我看来，人类的价值观有时不会随着时间的推移而变化和发展，然而有时则相反。

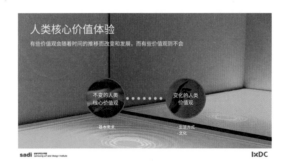

我来解释一下第一个，人类是不可改变的。在我的书桌上有一块中文书区域，我真的很喜欢读这些书，如孔子和老子的书。当我读这些书的时候，我感受到了几千年前的人类文明内核与现在也没有太多不同。通过学习这些知识，尤其是在人际关系中，以及通过理解亚洲哲学家对他们关注的问题的看法，很多人都可能会得到帮助和提升。这些知识和看法早在公元前1700年就已经被刻印在亚古代的黏土上。

苏格拉底说，"当你看到年轻一代时，未来是暗淡的"。这些同样的现象甚至也适用于我自己的孩子。

不变的人类核心价值观

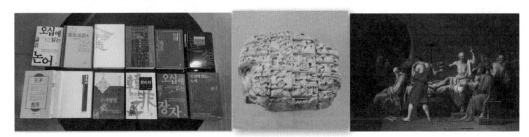

从另外一方面来看，人类的价值观可以随着时间而改变。它们中的大多数都是从先进的技术开始的，如最近火爆的人工智能生产工具。机器人和巨型数据库都给人们展示了一个从未见过的世界，这些主意有时会给人们带来难题：如喜欢麦当劳汉堡的老一辈，必须在柜台点餐，这一代人可能在使用新科技时会遇到困难和麻烦。我们开始看到人类害怕学习快速发展的科技的趋势，但是技术仍然是发展的。

设计法则应该是：在这变化的人类核心价值观和不变的人类核心价值观之间做一个平衡。让我们把这些想法带到公司层面。

设计领导力引导着公司，从而始终关注客户的核心价值。当公司创造新的服务和产品时，仅靠技术来驱动竞争，是不能成为市场上最好的。我认为只有科技的发展不能赢得市场，必须提供良好的体验给客户，才能在公司层面建立设计影响力。

我建议在公司层面建立起三个支柱。

第一，设计领导的一致性和连续性：设计哲学；

第二，公司范围内的设计领导力：设计思维；

第三，公司的道德设计文化。

Establishment of Design Leadership at Corporate Level

Competition driven only by technology
cannot be the best in the market.

3 Strategic Pillars

1. Consistency and **Continuity** in Design Leadership : Design Philosophy
2. Company Wide Design Leadership : Design Thinking
3. Ethical Design Culture

sadi 삼성디자인교육원 samsung art and design institute   IxDC

设计领导力不是在短时间内建立起来的。我们需要在多年中保持稳定，并逐步实施。

设计领导力是不可能通过一次活动或是项目来实现的，需要管理层的注意力、投资和耐心。开始建立设计领导力的最好方法是：建立公司的设计理念。所有成员一同努力，致力于达成共同目标。

三星电子一直在进行设计理念建设。设计领导力正是基于三星电子1995年的设计理念：以人为本，共创未来。它使得品牌及企业理念有更好的交流。为了同设计师规范、明确实践好设计理念，三星电子有四个设计原则，这些原则是为了发现有意义的目标，创造能引起共鸣的设计，把人和可能性联系起来，并且传递愉快的体验。

我认为设计领导力不是仅靠设计师来创造实现的，更需要所有公司股东、市场、工程等部门共同努力才能完成。但是其他部门都很忙，所以很多公司的企业设计在全公司范围内通过思维项目培训来帮助他们理解设计领导力。

三星电子也一直在给许多其他部门员工进行设计思想教育，明确执行、建立有效和高效的设计领导力。

最后，设计领导力应该始终诚实，并且有其道德价值。客户，尤其是新一代，像"千禧一代"和"Z世代"（1995—2009年间出生的人），非常不喜欢不诚实、不遵守承诺，而且很贪心的品牌或公司。

这种领导力在与客户交流时必须具有可靠的形象。当公司创造了设计领导力的公平和诚信度，就会受到市场的欢迎。

三星电子尽最大的努力来实现伦理道德设计领导力。这从下面几个用户体验项目可以看到。左边的案例，是三星电子与联合国开发计划署合作设计的一款为实现可持续发展目标的应用程序。当人们观看广告的时候，就能帮忙为联合国的项目捐款存下一小笔钱；右边的案例，是一种关于回收循环利用的包装设计，人们可以把这个包裹拆解成可用的家居物品，而不是把它扔掉。这几个正在进行的项目可以向大家展示出，三星电子是如何遵守承诺实现道德设计领导力的。

现在很多人都说最新的设计工具，如ChatGPT和Midjourney等，也在影响设计。它们将数据库与人类的直觉结合起来进行设计。有时候精心制作的指示会提供比传统图纸更好的设计结果。现在我们可能可以通过口头方法设计，而不只是可视方法。一些激进的设计师说，未来它们终会取代我们的工作。

实际上，当我准备演讲的时候，我试着用ChatGPT写了一个关于今天的主题的演讲稿。

非常神奇，生成的演讲稿比我预期的要好。不过我向大家保证，今天的报告不是用ChatGPT准备的，这都是我的想法。

我个人认为这可能是一个非常积极的变化，设计师不必通宵达旦地工作来做出各种各样的设计方案，而且客户也不需要花很多钱来实现复杂仿真模拟。例如各种子案例模拟，随着这种新趋势的出现，设计领导力正变得越来越重要，用AI生成的设计产出，能在美学上达到很高的质量。但设计不能仅仅靠美学来赢得市场，它必须具有叙事性，与品牌继承精神有密切联系。

我们正面临着生活方式的下一个转变，在我看来，有三个主要的变化趋势即将到来：超互联生活、高度个性化的生活、社会责任感强的生活。这些变化正迅速地应用到我们的生活中。大家可能会担心不知道如何学习并将这些快速变化的趋势运用到自己的业务中，大家可能会有很大的压力，每次都要应用学到的新技术。然后新的科技又来了，一次学会所有的东西是不容易的。

然而，当我们牢记人类的核心存在时，我们就会为未来做明智的准备。

这是我之前说过的结论：设计领导在公司中扮演着重要的角色。

实际上在公司里，当我们与我们的客户进行真实的交流分享时，我们可以为公司创造核心价值，人人都爱的品牌。为了加强设计读者，对我前面提到的三个分享进行实践应用是非常有必要的。

（1）设计理念的一致性和连续性；

（2）通过设计思维理解设计领导力；

（3）企业道德文化的重要性。

我们必须牢记这三个支柱，创造设计领导力成就。

 Don Tae Lee（李敦泰）

三星艺术与设计学院（SADI）院长。在设计领域工作了25年，并且成为了通过以人为中心的创新来丰富消费者生活的设计领导者。曾任三星全球设计团队高级副总裁，负责三星电子创新产品的设计。他负责的项目从小型消费品到重工业产品类型不等。在加入三星之前，他曾担任 Tangerine 的联席总裁。Tangerine的创始人就是苹果公司的灵魂人物之一：乔纳森·艾维（Jonathan Ive）。2016年，他获得了英国皇家艺术学院的荣誉奖学金。

他热衷于在三星产品中创造一种无缝感和凝聚力，以期带给消费者一种独特的体验。他致力于创新设计，并在改善三星各种产品的设计特性和可用性方面发挥了领导作用。

这里分享一下Gensler对现在一些市场上关于未来的趋势，并且借由几个我们已经实践过的项目，来说明如何贴近这些未来的趋势。

Gensler，作为全球最大的建筑与室内设计公司之一，在过去的几十年里，已经在这个基础上拓展到了33个设计领域。我们最常用的一个比喻，就是我们能够在酒瓶上做一个6厘米的Y label设计，一直到632米的超高层上海中心的设计。我们这33个设计领域就涵盖了所有这些维度。

作为这么大的全球设计公司，我们的一个核心的设计价值就是To create a better world, through the power of the design。我们在全球140个国家有项目实施，每年都有几百万人，甚至几千万人在我们设计的空间中生活和工作，所以这句话其实对我们非常重要。

在这33个领域里面，其中有一个叫作生活方式（LIFESTYLE），它是一个与IXDC比较相关的领域。在这次的分享里面，我也会带到往活方式领域里面不同的设计领域，尤其是与零售、数字化、品牌推广的结合。

在这之前我想跟各位分享一下，Gensler其实每年做了非常多的研究，我们预测在接下来的几年内中国的趋势有三个。

第一个趋势，我们预计到2026年之前，中国零售市场还有9%的增长空间，而且会不断地增加。这里面非常大的一个来源，是中产阶级的崛起。中产阶级对于这9%的增长空间的贡献将会非常多。具体的数据来自我们的GlobalData。

第二个趋势，现在的消费者要求更多、更优质的体验，因为他们的知识越来越多，看的多，旅游的也多，所以他们需要能够通过不同的渠道、网络和实体店，得到更多的、我们所谓的"寓教于乐"的体验，这里有个名词叫作edutainment，它其实是教育和娱乐的结合。

第三个趋势，怎样跟现在中国的Z世代做一个结合，品牌怎样才能够开发年轻人，知道他们的兴趣，知道他们想要什么，怎样确定这些品牌的核心价值，甚至于一些亚文化的体验，怎样才能够跟Z世代的咨询产生链接。

这三个最大的趋势是across，我们怎样创造一个令人难忘的店内体验去呼应中国这三个趋势呢？我想借由三个关键案例来跟大家分享一下我们的思考。这是我们公司在过去的两三年内实践的一些零售项目。

第一个是我们设计的上海安踏的旗舰店。第二个是我们帮荣耀在太原做的一个旗舰店。最后一个，我们来讲什么叫作无缝数字化，怎样无缝接轨地把科技融入店内，用我们最新的三里屯集度品牌店来做一个分享。下面将对这三个关键案例进行详细的介绍。

第一个，我们在上海南京东路步行街帮安踏做的旗舰店。安踏在找我们做这个店的时候，刚好是他们第十代最重要的需要转型的一个产品的形象，所以我们在去设计之前，首先进行了研究、调研和策略的工作。在调研的整个场景里面，我们发现，中国的消费者对于整个户外活动跟运动，能够产生最大链接的一个场所，其实是健身房。

这个链接度，远远比竞争感强的一些竞技场和体育场要强化的多。而且根据Mckinsey过去几年的数据显示，健身房相关的产业的成长，每年是达到双位数以上。

所以我们将健身房作为整体概念，整个空间，甚至于里面的全部道具，都是每个消费者在健身房里面非常熟悉的道具。

所有的元素，在这些基础上，还有一层更重要的意义，冬奥会和奥运会，安踏代表了我们国家，是竞技场和颁奖台上很重要的一个符号，也是所谓"我们身边的国潮"。

在刚刚的层面上，我们又赋予了这样第二层的一个意义。在创造令人难忘的体验时，最重要的一个点，就是我们怎样把一个品牌经典的元素变成一个大亮点。

我们运用建筑的手法，帮安踏创造了一个三层楼高的鞋墙，球鞋在安踏的销售里有40%的占比，所以，我们必须把这样的一个经典元素变成它商店的一个象征、一个大的亮点。

在三层高的鞋墙上面总共有400多双用亚克力做的鞋模，里面镶了LED灯，旁边配上一个十字的脉冲符号。这些设计元素，都是想让安踏能够蜕变，成为不只是消费者去消费的一个品牌，而是消费者能够真的认同安踏已经代表他生活的每一个部分。

当然，安踏在店内所有的动态元素，包括灯光元素等都保持着一个链接，这样可以使大家在里面购物的时候，能够通过这些持续的动效感受到在健身房里面的动感。

　　延续到我们的第二个趋势，怎样能够让一个消费者进到店里面进行沉浸式的体验呢？这里用我们在山西太原帮荣耀做的一个旗舰店来进行演示。

　　一个受保护的历史建筑和一个高科技的现代产品，在一开始你就可以感受到非常强烈的冲突性。如何在一个受保护的历史建筑中展示现代的、我们中国自己的科技产品呢？

　　荣耀对于他们空间体验的想法就是：体验我们的空间，就好像在体验我们的产品一样。而荣耀对于自己的产品是非常自豪的。所以我们在设计的时候，借由这样的基础，希望所有的设计都能够体现出荣耀产品设计的概念，极简，但是非常有设计感，非常注重细节的设计。

　　我们刚刚讲到怎样跟Z世代做出一些链接。在我们很多的调研当中，我们看到Z世代对于品牌的透明度非常地重视，他们非常在意产品从哪里制造，怎样维修，怎样进行回收。所以我们这个设计中的大亮点，其实是把荣耀的维修与刻字的一个区域，变成整个楼层的中心，而且是全透明的。这样的设计就是为了要和Z世代的价值观产生共鸣，在整个维修与定制的过程中，消费者都可以在旁边非常清楚地看到所有的流程。

　　当然，第二个趋势里面还有一个重要特点：寓教于乐。如何在旗舰体验店里创造出一些寓教于乐的社群空间？我们怎样融入这些比较生活化的品牌的DNA？致敬历史，同时推广对未来的可能性，这不仅仅是荣耀这个品牌的模型，也是我们在做反差比很大的旗舰店时所采取的一个策略。这也是我们回应第二个沉浸式生活趋势的操作方式。

　　最后是我们帮集度在北京三里屯太古里设计的一个品牌中心，它几个月前刚开业。它是诠释我们怎样跟Z世代做一个很大的链接的非常好的品牌空间，采用了非常创新的方式把一个新的电动汽车品牌引进消费者的心中。

这个集度品牌中心是一个品牌的空间，并不是一个销售的渠道，在这个空间里，我们想要怎样通过集度的机器人车，让大家看到未来的科技的可能性呢？这个空间最大的DNA，里面融合了非常多的艺术科技，还有互动的元素。我们设计这个空间的第一个前提或者最大的挑战是，如何在一个汽车没有量产之前设计一个空间？因为在我们设计的时候，这台车还没有量产。那我们的手法就是创造一个最鲜明的品牌形象，在这个地方打造空间，通过一连串的互动的触点，希望带领消费者，从一楼到二楼进行不同的互动，让他们感觉到这个品牌想要传达的一些价值。

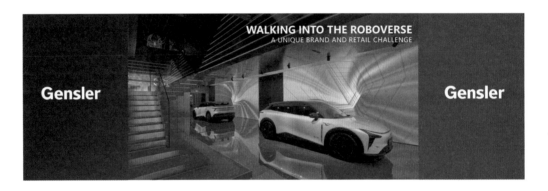

在消费者进门的时候，右边有一个互动式的屏幕，通过两三个简单的问题，就能创造属于消费者个人的形象化符号，这个形象化符号会跟着消费者一起在线下空间，甚至于在线上来体验这样的空间。

我们做这个项目时，其实参与的不仅仅是我们的建筑和室内专业的设计师，还有数字化专业的设计师，甚至还有外部非常多的用户界面（UI）和用户体验（UX）设计师、灯光顾问。大家一起来多专业合作，共同打造出这样的空间。不管是对于材质还是灯光的运用，我们都是想要来创造出这个品牌对于未来空间的一个科技感。集度与尤伦斯当代艺术中心（UCCA）、艺术家柳迪、三体艺术家都有合作，会不定期地持续推出新的艺术展演活动。所以，我们希望能够在这个实体空间中体现一些元宇宙的想法与艺术。在这个空间中，能够跟Z世代产生链接。

当然，我们也有一些比较弹性的空间，能够兼顾零售和展演的功能。那当然作为所谓的"机器人车的领头羊"，我们对于这些用户体验会进行收集，进而用来优化之后的用户界面和用户体验，这也是体验的重点之一。

所以，我们正在努力创造零售的新未来。

张景翔
Gensler

大中华区零售负责人及工作室总监，拥有18年专业经验，Gensler上海办公室的亚洲零售设计专业负责人和工作室总监，参与负责了星巴克、凯迪拉克、The North Face、联想、Diesel和微软等在内的众多国际知名零售商的各种类型的高端零售项目设计。

凭借多年的经验，他非常重视全球和本地零售客户原型店与战略规划阶段的设计，这对于发展Gensler的亚洲商业零售设计至关重要。他还在亚洲不同的区域零售活动中发表演讲，并参与相关的调查研究，如在"Shopping the Globe"等活动上进行关于重点关注新兴市场的零售商业机会的演讲，以及在Gensler的"品牌参与度调查"等研究项目中挖掘品牌的情感力量。他能够运用在中国和其他亚洲国家的复杂项目经验指导客户，这体现了他无可挑剔的领导力和跨文化的沟通能力。

04 AI协同时代下设计团队的 管理与价值创新

◎ 操顺鑫

我们正逐渐进入一个充满活力的人工智能（artificial intelligence，AI）时代，处于行业前沿的互联网和科技型企业设计团队，开始启发体验设计行业在变局中的思考，探索分析AI时代的创新与改变，以设计引领创造价值。本次分享将聚焦当前企业和设计团队面临的三大挑战，解读企业和设计团队如何利用产品设计一体化协作工具，进行跨职能高效工作流、资产安全和业务价值方面的实践，以及探索AI时代设计模式的全新思路。

1. 企业和设计团队面临的挑战与对策

过去三年，我们团队一直专注于打造Pixso这款协同设计产品，逐渐将其从一个初创产品发展成为一个极为成熟的解决方案。在这个过程中，我们与上千家企业客户、数百名设计从业者进行了深入的交流，收获了大量的反馈与深度的行业洞察。同时，我们发现当前企业和设计团队面临着三大核心挑战，即工作流统一、企业设计资产管理和业务价值提升。

1）工作流统一的挑战与对策

（1）工作流统一的挑战。

目前，国内许多企业和设计团队仍然将海外设计工具作为主要设计生产力工具。然而，不少团队使用的设计工具类型较为单一、分散，难以满足现代化全栈式设计工作流的多重需求，例如设计交付、团队协作以及设计资产管理等，导致企业和设计团队需要使用不同的工具、采买不同的软件，给企业和设计师增加无形的负担。于企业而言，工具分散会导致设计资产散落在各个软件之间，增加信息泄露风险；于设计师而言，来回切换软件会使学习成本提升，工作流程不透明，从而影响设计效率。

工具分散，流程不清晰

工作流程中成员众多，信息分散，设计师和项目成员之间缺乏顺畅的协作。

- image
- Desing
- Prototype
- Specs

（2）工作流统一的对策：Pixso实现工作流一体化升级。

① Pixso提出产品设计一体化协作平台的概念，将白板、原型、设计、交付、企业管理等能力融合到一起，覆盖产品经理、设计师、研发等各个职能岗位，在协助企业和设计团队构建高效跨职能工作流中取得了显著的成效。它不仅改变了设计领域的工作方式，也提升了设计团队的协作效率和整体生产力。

统一团队的协作工具

② 从纵向的角度来看，Pixso提供了四个层级的能力，每个层级都为团队协助提供了关键的支持。

- 团队实时协作层：团队实时协作层是一个基础层，为团队提供高并发、低延迟的协作能力；
- 生产层：生产层包括了多个生产力模块，如原型、设计、组件、文档和绘图等，这些模块帮助各个职能岗位的个体完成各类工作；
- 规范协同层：用于对团队形成的设计规范或第三方资源进行有效管理，并处理它们之间的关联性；
- 团队管理层：可以进行更全面的资产管理和信息安全管控，构成了一个完整的一体化系统。

通过这四个层级的能力，Pixso为团队提供了线框图到设计系统，实现规模化工作流的能力，使得设计过程更高效、协作更顺畅。

线框图到设计系统，实现规模化工作流

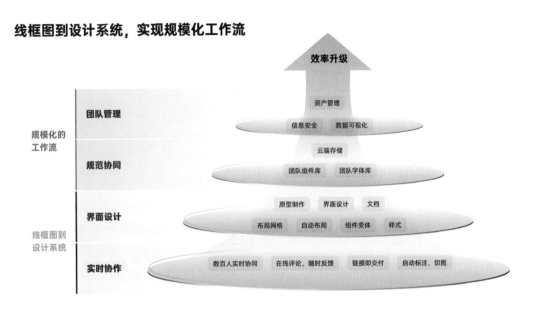

③ Pixso提供了2套API接口，实现产品和团队流程深度互通。

- 设计模块的开放API：企业可以由此开发自己的插件，完成特定场景的功能定制，也可以实现产品间的数据对接；

- 企业管理后台的开放API：Pixso可以接入企业内部的协作平台，成为整体协作平台的一部分，形成工作流闭环。这包括支持与类似"飞书"等现有平台的对接，也可以与企业自研的平台实现无缝集成。

API接口，实现产品与团队流程深度互通

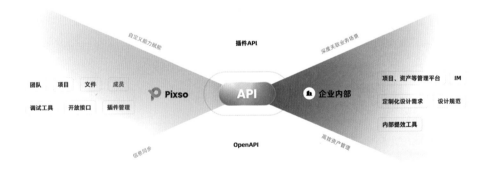

④ 通过企业落地一体化的案例，感受Pixso具体是如何帮助企业构建高效工作流的。

过去，在传统协作流程中，企业推行一套规范基本都会经历两个烦琐的阶段。

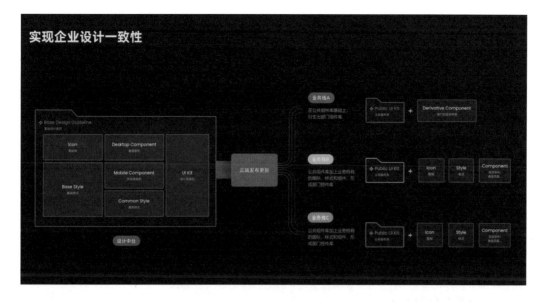

- 第一个阶段，中台部门完成了一套规范组件库，此时，要想将这些规范推行至各个业务线，就需要把文件通过各种方式，发送到业务线成员，这个过程可能会出现下载不及时的情况，使得文件中转过期，导致某些项目未及时使用规范；
- 第二个阶段，在各业务线推进过程中，一定会出现规范不能适应项目要求、设计师需要单独根据特殊场景。重新搭建新的组件的情况。再加上中台部门并不能及时且完整地得到反馈，因此可能导致规范迭代与项目发展出现偏离的极端情况。

现在，Pixso实现工作流一体化升级。企业在Pixso云端发布设计规范后，对应的业务线的成员在业务文件中就可以直接使用这些组件库，并且可以根据业务需要适时调整效果，形成适应业务的组件和规范。同时在中台部门更新组件库之后，业务线可以根据需要一键更新，大大减少了以往规范更新的重复工作量。

2）设计资产管理的挑战与对策

（1）设计资产管理的挑战。

随着企业业务的快速发展和不断地迭代，设计资产不断积累。而在频繁上传文件至云端和下载到本地的过程中，企业设计规范难以实现一致性，引发设计语言不统一的问题。在这种情况下，寻找过去某个设计项目的设计稿需要花费大量时间，甚至可能在项目交接过程中发生设计资产丢失的情况。这会对设计领域的专业性和可信度产生负面影响。此外，频繁地进行设计资产分发也难免会带来信息泄露的风险，尤其是对于资产信息安全要求极高的行业，如汽车制造业和金融行业，这是一个严重的专业安全隐患。

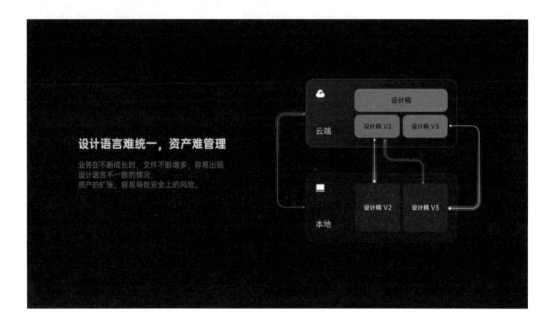

（2）设计资产管理的对策：Pixso协助企业实现资产高效管理和复用。

针对大量的设计资产如何管理、信息安全如何保障等问题，Pixso也提供了下面的解决方案。

- 资产管理：Pixso通过团队、项目的方式，对各类文件进行多层级的清晰管理。设计规范、采购的字体可以实现企业级的资源共享，提升执行效率与设计一致性；
- 数据可视化：Pixso企业后台可以针对设计规范的使用情况进行可视化展示，帮助设计规范的负责人，实时查看规范在团队内的使用情况。这样设计团队就能结合成员反馈，及时迭代规范，同时还能了解企业的项目和团队的活跃情况；
- 信息安全：通过资产的统一管理，Pixso对每个环节都有清晰地把控，文件流向的追溯帮助我们及时定位安全隐患。Pixso还提供了离职交接、水印、访客管理和多重备份等一系列功能。

Pixso协助企业实现高效资产管理与复用

3）业务价值提升的挑战与对策

（1）业务价值提升的挑战。

当以上两个挑战都被解决时，设计团队便有更多的时间投入到更有意义的工作中，而企业如何创造更大的业务价值，成为每个设计团队需要思考的议题。这不仅涉及专业领域的内部优化，还需要企业和设计团队之间的协同。只有在专业工作中释放出更多的时间和资源，设计团队才能专注于提供创新性的设计解决方案，从而为企业实现更大的业务价值。

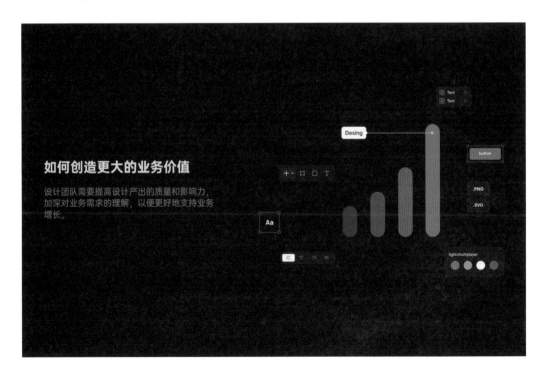

（2）业务价值提升的对策：Pixso协助企业实现业务价值"最大化"。

其一，Pixso白板内置了大量的用户体验工具包，开箱即用，这些工具包为团队提供了些结构化的框架，可以帮助团队更好地进行调研和分析，在团队进行创新探索和用户研究时很有帮助；其二，Pixso还有AI的加成，可以帮助设计团队更好地理解用户需求和行为，专注于用户体验和业务价值，实现更好的商业结果。

目前Pixso AI已具备AI文生图、AI语言大师、AI灵感专家、AI生成设计系统、AI生成设计元素清单五大能力，切实加倍提升了团队的创造力。下面，通过一个双钻模型，具体感受Pixso AI从灵感到落地过程中的相关能力和应用。

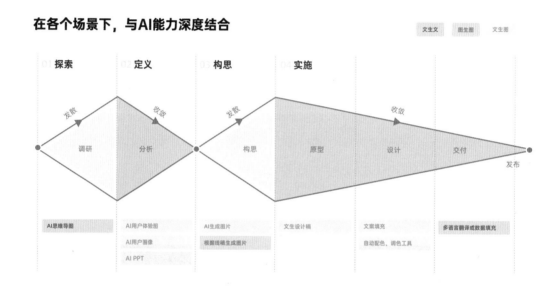

- 产品调研阶段：AI梳理思路、生成思维导图、用户画像、用户旅程地图等，帮助团队更高效地做好用户研究和设计创新；
- 视觉探索阶段：AI生图集成了丰富的模型和风格，图标设计、3D图标、玻璃质感等，搭配线稿生成图片功能，帮助设计师完成各类视觉探索；
- 产品设计阶段：Pixso AI支持生成设计系统、多语言翻译、自动配色、文案填充、AI智能检查、生成素材等，提高内容创作的效率。

未来，随着Pixso AI能力的不断进化，它还会为设计领域带来更多新的可能：UI设计师完成设计系统搭建后，微调成为业务的AI模型，而产品经理或者交互设计师，只需要提供功能逻辑、线稿或者提示，就可以完成界面的搭建，颠覆现有的设计创作方式。

2. 探索 AI 时代下的设计模式

把握趋势，展望未来。设计领域已经经历了从离线设计到在线协同的演变，而现在我们正在加速迈向智能协同的时代。AI并不是要取代设计师，相反，它是设计师的强大协作伙伴。AI将为设计领域带来更多全新的可能性，借助AI的能力，团队的创造力将得到显著提升。

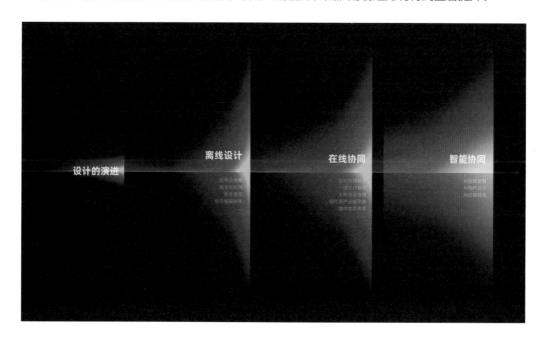

可以想象，当UI设计师完成了设计系统的搭建后，AI将成为业务的智能模型，意味着产品经理、交互设计师只需提供功能逻辑、线稿或一些提示，AI就可以快速帮助他们完成界面的构建，彻底颠覆传统的设计创作方式。此外，设计师未来能够更加专注于创意方向，而AI将为他们提供更快速、更高效的工具和支持，使整个设计过程变得更加协作和创新。AI辅助设计探索的合作方式，将推动设计行业不断前进，为用户带来更卓越的产品和体验，这恰恰也是AI与设计师协同工作的美妙之处。

AI时代下的设计模式

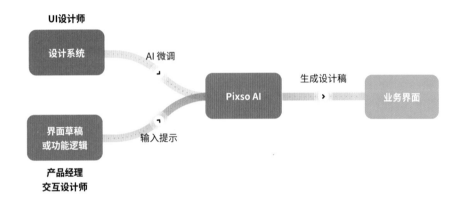

人工智能作为移动互联网时代之后一个新的时代的开端，为各行各业的发展都创造了更多的可能性，新一代人工智能和AI设计技术的进步也将推动社会各领域从数字化、网络化向智能化加速跃升。未来AI在设计中扮演的角色是否会有颠覆性的变化，人类在这其中又该做出怎样的决策，这一问题仍待思考。

 操顺鑫

博思云创Pixso产品设计负责人。曾负责数个亿级市场工具产品的体验设计，具有丰富的设计系统和用户体验度量体系的实践经验。2021年加入博思云创担任设计团队负责人，从0到1打造博思云创旗下产品Pixso产品视觉、体验设计、体验度量体系，专注于"把产品设计得更美好"的企业愿景，不断探索行业最佳实践，助力更多团队实现协作与工作模式的升级。

设计理念：用户体验驱动行业增长，产品体验赋能行业创新。

数字科技赋能金融产业变革

◎ 昌琳

近年来，大数据、云计算、人工智能、区块链等数字化技术加速创新，日益融入经济社会发展各领域全过程，逐步成为影响全球竞争格局的关键力量。2022年中国人民银行发布《金融科技发展规划（2022—2025）》，进一步对数字化转型提出要求，加快数字化发展成为国家经济发展的重要因素。保险行业是经营风险的行业，从最初的产品设计到后续核保、理赔等，均涉及严谨而复杂的风险模型或数理技术。

产品设计的背后是行业内外部环境的变化，从人口红利的消失、低利率时代的来临、客户需求的全面升级到低迷的经济环境。所有这一切迫切需要寿险公司的经营模式从原有的粗放式增长向高质量发展模式转型，从人海战术、销售为王、利差驱动向专业驱动、科技驱动、客户驱动转型。

今天跟大家分享的是，体验助力中国太平洋人寿保险股份有限公司（以下简称太保寿险）的数字化转型。

提到企业的数字化转型，主要有三个目的和方向。一是通过数字化转型调整战略方向，二是提升企业的运营效率，三是通过转型改善企业面向的内外部用户的体验。通常来说，以提升运营效率和改善用户体验为主。

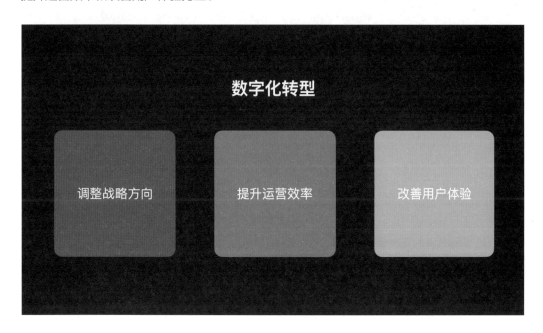

2022年中国银行保险监督管理委员会（以下简称银保监会）发布了《关于银行业保险业数字化转型的指导意见》（以下简称《指导意见》）。在《指导意见》中，银保监会提出了在整个银行业和保险业数字化转型时，需要坚持回归本源，把服务实体经济、服务人民群众作为一个出发点和落脚点。然后在整个意见的第三部分第九条提出，需要大力推进个人金融服务数字化转型，去拓展更多的线上渠道、服务丰富的场景。另外对于弱势群体，也是希望能够消除普通用户跟弱势群体之间的一些数字鸿沟，能够让大家更好地享受到一些金融服务。

那怎样能够让大家更好地感受到这些金融产品，或者是相关的一些服务呢？其实这都是我们在整个数字化转型当中所需要去做的。

《指导意见》对于保险公司而言，我觉得主要有三个看点。第一个看点是新高度，它对于数字化转型的高度其实是提升上去了，需要公司从一个更加战略的角度去看待数字化转型这件事情。

第二个看点是新责任，需要从组织责任上面去把这件事情落实。我觉得很多情况下，大家可以看到，一个企业去做转型的时候，很重要的一个动作是要去做一些组织上的转型。大家在很多公司里任职的时候，可能都会有类似的一些感受，不同的组织结构带来的效果其实是不太一样的。以往可能没有这么高的一个意见去指导数字化转型，它到底应该在整个组织里面，处于什么样的一个角色，或者是什么样的一个地位上，那目前在整个银保监会给出来的一个比较明确的意见是，希望能够压实到组织责任上，需要高级管理层去统筹，建立一个数字化战略委员会或者是高层的转型小组去落实这件事情。

第三个看点是新视角，强调整个数字化转型要跟业务端去做更好地融合，不是为了转型而转型，更多的是从怎样提升业务数据这个角度出发，去做融合。而数字化转型的领军人物，也需要同时具备业务和技术的视角。

从整个金融行业来看，如果我们把用户量从小到大、把用户平时的操作频率从低到高做四个象限，那么银行业的用户量其实是最大的，整个的操作频率，相对而言也比较高。在金融行业里面还有另外一个业态是证券，证券的用户量可能会稍微小一点，但是对于很多活跃的用户来讲，它的操作频率其实是非常高的。保险，通常来讲，是比较中低频率的一个产品或者服务，大家会用得比较少。目前这几个行业的数字化程度和对体验的重视程度，我觉得是随着用户体量和操作频率的增加而逐渐增加的。

所以在数字化程度和整个的体验层面上，相对而言，保险行业还是处于一个稍微落后一点的位置。像整个太保寿险的体验设计团队，成立的时间不是特别长。在成立过程中，我们其实也是在不断地优化自己，不管是在组织方面，还是在工作的整个流程方面，都要去继续完善。希望能从体验维度，帮助公司更顺畅地推进数字化转型。

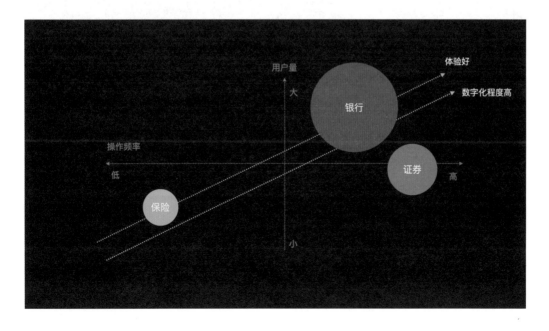

如果单看保险行业，我们发现，当前的大环境发生了很大的变化。

首先我们能看到的是，中国的人口红利目前是逐渐消失的。大家可能有所了解，2023年预计的人口出生数量，可能跟1941年差不多。大家可以想象一下，1941年大概是什么情况。人口出生的减少，实际上对各行各业都有很大的影响。因为以前很多快速增长的底层逻辑，实际上发生了很大的变化，而且从目前来看，这个趋势很有可能是不可逆的。

我曾就职于偏C端的互联网，最近几年，C端互联网的增长基本上处于一个比较停滞的状态。所以在这样的大背景下，再加上目前国际环境的一些影响，我们可以看到，整个经济环境其实不是特别好。整个的投资，包括一些需求，实际上都是在往下降的，这也带来了利率的下降。有客户问我保险公司3.5%复利的增额终身寿产品是不是要下架了，确实，因为整个的利率现在是在逐步走低的，但是对于客户的需求，实际上是在不断升级，各种个性化、定制化和碎片化的需求，在不断地涌现出来。

所以基于这样的背景，我们其实看到，以往保险公司的粗放式的增长正在改变。大家都知道前几年保险代理人特别多，像中国平安保险（集团）股份有限公司（以下简称平安保险）当时就号称有百万代理人大军，但是目前不管是平安保险也好，太保寿险也好，公司代理人的数量都在大幅减少。

类似以往的人海战术、销售驱动和利差驱动这样的粗放式增长的方式，目前也都是在朝客户驱动、专业驱动和科技驱动这样的高质量发展的模式上去进化。

随着这样的发展，在寿险这块，其实还是蕴含着一些潜力的，因为大家的需求虽然在不断地增长，但是我们在整个数字化转型过程中也是有能力做一些更加符合用户需求的产品出来的。

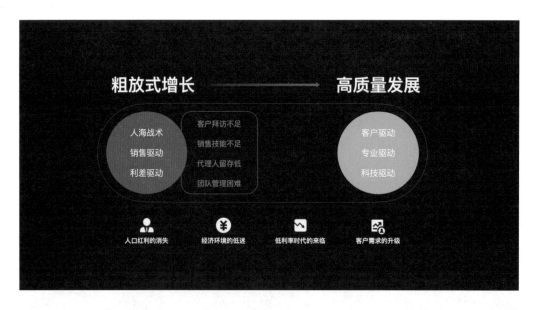

太保寿险在2021年开始提出"长航行动"的目标和实施路径。整个的战略目标是希望能够打造成服务体验最佳的一个寿险公司，能够去做寿险行业的长期主义者。落实到战略实施的一些着力点上面，我们其实主要从下面几块去做。第一块是在客户策略上，对客户进行更加精细地分层，然后去做耕田作业。就是我们把客户分层，把客户需求分层，一条一条地去满足他们的需求。第二块是价值的主张，产品和服务的"金三角"。因为寿险这个产品，它的服务有时候是很难去体验到的。而银行的产品，大家可能比较容易就能体验到。当然，像寿险这种产品，我们其实也不太希望能够体验到。所以我们需要在产品和服务上面去做很多额外的工作，让用户有更多机会感受到产品和服务，而不是真正到出险的时候才能体验到。第三块是渠道模式，希望做更加多元化的一些发展，以往以个险为主，现在会开辟更多的渠道，如银保、团险等。最后一块是在整个组织文化上，做更多的从客户视角出发的转型。整个这一套目标加实施路径，我觉得最核心或者最关键的，实际上就是，以客户为中心的主题思想，然后通过这样的主题思想，来指导太保寿险去做整体的"长航转型"。

在整个产品或者服务的设计过程中，我们会有从下面几个大块来考虑。第一块是C端客户，从客户的需求上来讲，我们更多的是对于从原本的同质化的需求到更加个性化的需求的一些满足，如我们希望用户能够买到更加合适的保险，然后享受保险的一些服务，如保障缺口的分析、保障计划的推荐和智能保险顾问等。

然后第二块是A端的代理人。保险公司的管理方式正在从原本的粗放化管理向更加精细化管理转变，我们会提供更多的产品和工具，为代理人的成长、展业和队伍经营赋能让他们去给客户提供更好的服务。这些产品和工具如何能让代理人伙伴更加高效地用起来，还需要有体验优化作为一个基本支撑。

最后，第三块实际上是保险公司的内勤。对于内勤来讲，平时会有很多冗杂的工作，我们希望将这种冗杂的工作变得更加专业化。例如，提供更多的数据化平台，给到我们的营运作业人员，或者经营管理人员，希望他们通过这样的数据平台，能够更好地管理代理人，更方便地在一线收集客户的需求。

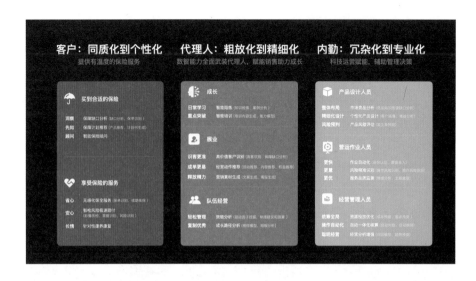

　　基于客户需求，我们目前在做保险产品设计的时候，也会借鉴体验研究的思路，从定性和定量两方面进行思考。偏定性的这方面，更多的是首先从客户定位，去收集用户需求，如个人客户、团体客户。个人客户里面有草根的、有中产的、有高净值的客户，基于用户的不同需求，我们会提供不同板块的产品和服务，最明显的三块需求，就是产品加服务的"金三角"。其实大家买保险，主要也是为了这三块，第一块是健康，第二块是养老，第三块是财富管理。我们保险产品设计的出发点，也是针对客户的这三类需求去做一些不同的组合，满足不同人在不同阶段的个性化需求。

　　这三块其实是比较显性的需求，除此之外，还有一些隐性的需求是需要去挖掘的，这个后面会讲到偏定量的方面，会根据用户的行为模式，去挖掘一些潜在的需求。

　　根据上面这些，我们去打造整体的产品和服务体系，从更多的维度进行挖掘，形成能够精准匹配用户产品的营销和服务的解决方案，最终设计出能够实现更加定制化、碎片化、场景化和标准化的产品。在服务上，我们希望做到更加地可靠，能够具备更强的响应性，能够让服务有形地体现出来。下图主要是针对客户需求，更加偏定性方面的一个功能模型。

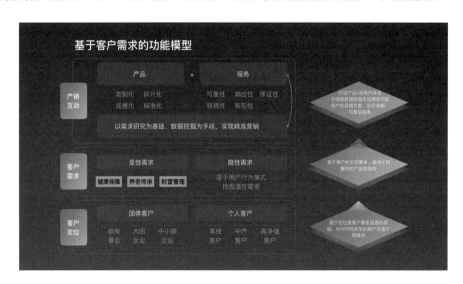

那偏定量方面的话，更多的是基于用户的一些数据采集，例如，可以通过渠道或者代理人收集到很多用户的数据，如性别、年龄、消费、病史等，并将这些数据归结为用户的自然属性、消费能力、健康特征、投保特征、行为特征、家庭特征等。

通过这些用户群体的归类，我们能够去挖掘一些存量的数据，最终生成用户行为的预测和用户规则的参数推荐，并提高用户需求的实时响应能力和用户黏度。所以在这方面我们更多的是根据整个模型算法去推测产品的服务和定价，最终为客户提供更加精准的销售和服务。

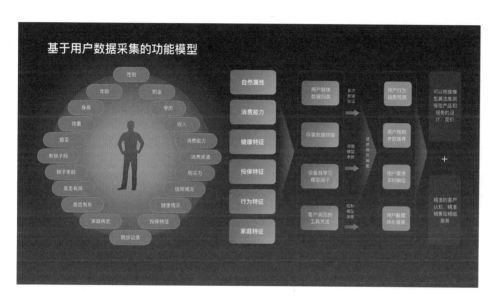

偏定性的需求和更加定量的需求通过这种体验调研的方式得出来之后，我们会为用户开发满足他们精准需求的产品，如孩子发烧看病的这种门、急诊费用是不是能够去赔，我们会专门去开发类似于门、急诊费用赔付的产品。再如老人失能、失智、意外高发，我们则会增加老年护理或者老年意外这样的产品。

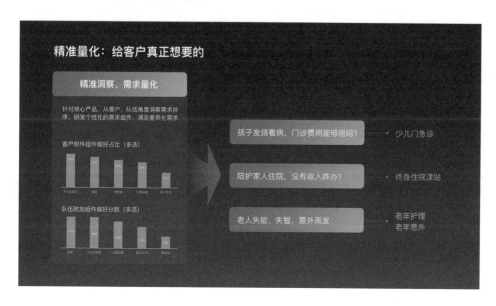

针对客群和服务，我们会去构建一个完整的产品的矩阵。下图展示的是满足不同的客户分层，满足他们不同的需求。在不同的需求阶段中，我们会提供不同的产品，然后将这些产品进行相应地组合提供给客户。

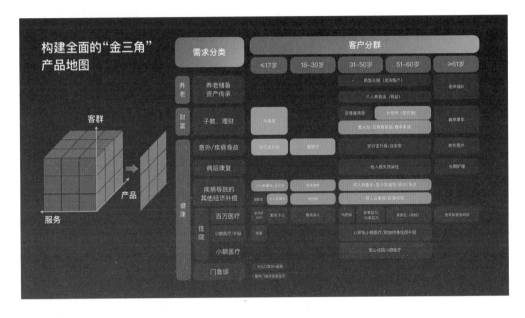

我们希望每个产品都有一定的爆点，如核保的极简化和服务的稀缺化等。太保家园就是纯粹为了养老去做的，但是它的门槛可能会比较高，太保蓝本更多的是指太保跟各个三甲医院联合，帮客户更好地预约专家的产品。

从代理人角度出发，我们认为代理人是寿险行业中非常关键的角色。我们知道，保险主要分为寿险和产险两大部分。寿险这个产品，有的时候其实是比较难理解的，通常来讲需要了解金融、法律和医疗三大块的知识。

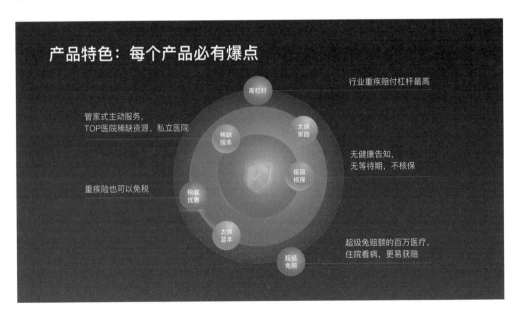

一个保险产品的详细介绍很长，里面有大量的金融、法律和医疗的知识，所以寿险产品和客户之间需要有一个比较重要的桥梁，这个桥梁就是代理人。

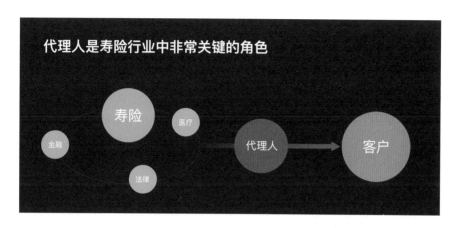

代理人在整个寿险行业里面是非常重要的。因为对于寿险产品，客户其实是很难去体验的，它本质上更多的是去靠服务，而服务在个险这一块更多的是靠代理人。我觉得代理人实际上是非常值得关爱的一个职业，因为代理人的淘汰率是非常高的。

但从另外一个角度而言，他们的贫富差距非常大，做得好的代理人可能做的时间非常久，而且可能非常赚钱。太保寿险2022年收入最高的代理人年薪有数千万。

不过，他们的工作压力其实也非常大，美国一个寿险行销行业协会给出的数据是，寿险平均的签单率大概为4%。也就是说，见25个人只能成1个，有24个人都拒绝了，想想大概是一个什么感受。

代理人每天其实都是在这样一个压力非常大的环境下工作的。所以，代理人的信心指数实际上是非常重要的，我们在代理人的工具建设上，也会考虑到或者更多地注意到这一点，如能够给到实时的正向反馈。希望他们在有一点点小的成绩时，就立刻进行表扬，不然的话这个压力确实很大。被人拒绝24次，才能成功1次，这个感受实在是很差。另外，对于代理人整体的专业能力，以及团队和个人之间协助的问题，我们都会在工具的设置中尽可能地多考虑，如何帮助他们改善体验。

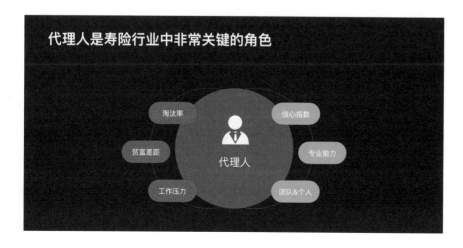

我们为代理人提供了很多的工具，包括帮助他们成长的工具，提供智能陪练的工具，以及进行智能培训的工具等。

在整个展业过程中，我们把它拆分成不同的阶段，在每一个阶段提供相应的产品，如客户开拓时通过提供服务触点给代理人相应的线索，在方案展示时提供更方便的计划书制作工具等。在代理人的团队经营方面，我们会提供一些更加智能化的效能分析工具。

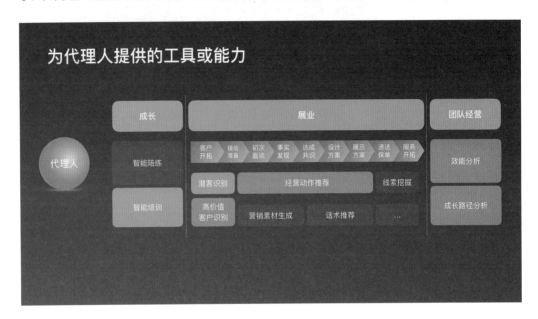

对于这些工具，我们怎样才能让代理人使用起来呢？从体验出发是一个相对简单易行的方法，但是公司对于体验带来的作用，需要有一套标准来评估，不然难以证明体验的作用和对后续的工作进行管理。所以我们首先需要搭建一套体验评估体系，设置一套体验指标以便能够有针对性地提升产品质量。

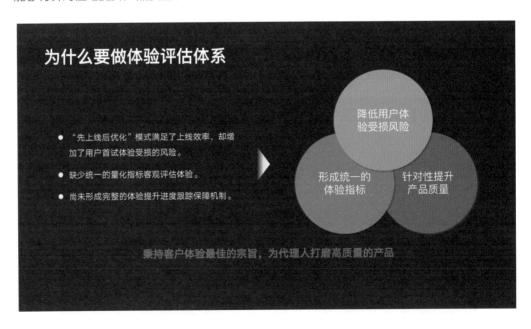

根据业内常见的一些体验度量的行为指标，我们大概抽取了主要会关注的三个方面，一是用户感受，二是用户行为，三是系统表现。

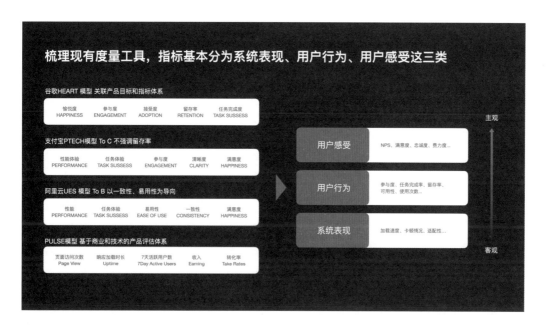

根据这些参考的指标体系，我们搭建了内部对代理人的一个评估体系，主要从用户行为和系统表现两个方面来为代理人提供体验评估的具体指标。这些指标主要从整体感受、性能体验、效率体验、操作体验和设计体验五大维度，对代理人的体验做一个度量的评估。

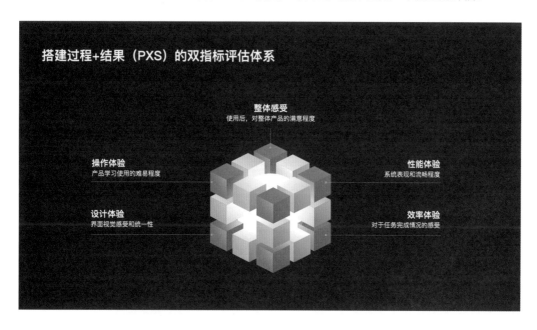

最后在整个体验评估体系当中，我们把各个功能模块的功能体验分数，落到不同的象限里面，然后找出哪些是我们应该去提升的，哪些是我们应该进行重点优化的，哪些是我们应该进行基础维护的。最后根据这些反馈再对整个代理人工具进行全面地优化。

我觉得保险行业跟银行业相比，还是会落后一些，但是我们目前是在不断追赶的。

 昌琳

太平洋寿险资深体验设计专家，硕士毕业于上海交通大学，拥有14年用户体验行业从业经历。曾在喜马拉雅担任UED总监6年，管理50人以上综合设计团队。在美团点评及惠普等互联网和软件行业从事体验设计多年，有过O2O创业经历。曾获"IXDC十佳优秀主讲人"（2021）、"中国服务设计业十大杰出青年提名奖"（2022）等称号。目前负责太保寿险个险设计团队，专注于个险的全链路体验设计工作。

设计理念：体验目标达成的关键是要寻求用户需求、商业目标和技术实现的平衡。

06 传统零售数字化转型新战场

◎ 霍然

2016年，国家曾主导整个零售行业的数字化转型，希望能够在货品、服务、物流等各方面，去呈现更加数字化的用户体验场景。银泰商业管理团（以下简称银泰）积极响应国家的号召，并经历了三个历史阶段。首先是在2014年，银泰与阿里巴巴正式合作，开始从纯实体商场向数字化商场转型。接着在2019年，银泰成为全球首家百分百全面上云的百货企业。第三个阶段是从2023年开始，银泰不再只关注内部发展，因为我们深知，如果整个零售行业不进行整体数字化升级，那么整个行业将无法实现质的飞跃和提升。

基于以上三个不同的阶段，对于银泰设计团队本身而言，也面临着巨大的挑战。银泰该如何从原来只专注于App或线下空间的单一型设计，进入到数实融合的设计阶段呢？

实际上，银泰的事业部设计团队以前是分为两个部分的。一部分是线上的设计团队，另一部分则是与线下空间和物料海报相关的设计团队。然而，随着整个公司的不断发展，我们逐渐发现App开始具有了LBS属性，例如地理围栏等相关功能。此外，在线下也出现了许多数字化场景、物流场景和声音、气味等设计元素，它们也将变成我们设计的一部分。

为了能够真正实现这些设计结果和目标，我们的设计团队同样也经历了三个不同的阶段。在第一阶段，我们的目标是帮助银泰百货从0到1真正孵化出数字化产品和能力。在第二阶段，随着银泰的数字化发展，我们进入了其他的传统领域，希望能够帮助整个传统领域提升行业水平。在第三阶段，当我们对外输出后发现整体行业人才的培养速度并没有得到很快地提升，这时我们意识到需要采用更偏向产品化的思维和方法来解决问题。最后，为了顺利实现以上三个不同的阶段的目标，我们需要具备良好的组织能力来支持。

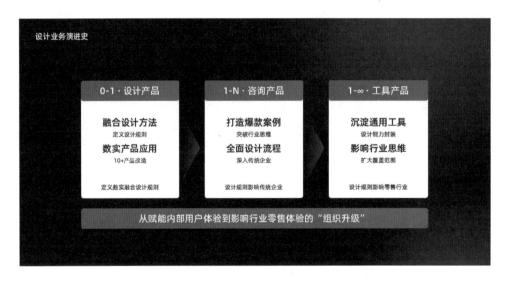

下面是我们曾经做过的四个不同方面的工作。

第一个方面的工作是，我们探讨了如何将银泰这样的纯实体场景变得数字化。例如，当我们开发这种数实结合的产品时，就像制作汉堡一样，线上和线下的部分分别是一个面饼，没有中间连接流程的部分串联起来，就无法制作成一个完整的汉堡，也就无法形成一个完整的数字化产品。

为了更好地理解这个案例，我从我们之前已经完成的、大约100个不同的数实融合案例中挑选三个相对简单但又经典易懂的案例，来进行详细的介绍。

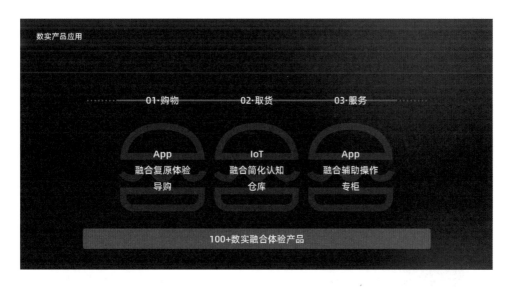

第一个案例是有关"购物场景"的。

大家应该都有去商场购物的经历。当用户进入一个专柜时，首先映入眼帘的是各种商品陈列和热情的导购员。他们会主动过来询问用户的需求，并提供帮助和建议。当用户想购买一条裙子，但面对众多的选择无法作出决定时，导购员会再次出现，并推荐他们觉得适合的裙子供用户试穿。在准备结账时，收银员会询问用户是否是会员，如果不是的话，注册成为新会员即可获得80元的优惠券。

这样的场景在线下商场很常见，也很容易理解。那么现在的挑战是，如何将所有的行为与场景都进行百分百数字化和线上化？假设我们只有App，那么如何让用户在纯App上仍然能够感受到类似专柜电商的体验呢？

在设计时，我们与整个淘系电商做出了截然不同的选择。我们在和用户有接触的每一个触点上都没有使用系统的反馈，而是完全依靠导购员的形象来提供反馈。我们定义了导购员所有的形象、行为和语境，包括导购员在与用户沟通时所使用的话术一定是第一人称。

想象一下，当我们的用户在App中搜索一个商品却找不到时，电商通常会给出"您的商品未找到，请查看其他商品"的反馈。而我们却不同，我们会派出一个导购员形象出现，询问用户："找不到商品吗？来问我吧。"这样的第一人称互动方式可以让用户有更好的体验感。

同样的逻辑也适用于用户结账的场景。我们并没有在结账环节采用强推优惠券的方式，而是通过改用第一人称话术来表达。例如："我的顾客好礼是什么？"这体现了用户是我的顾客，我们之间建立了非常强烈的情感关系。在这样的情况下，我们的App才能真正从电商领域中脱颖而出，创造出专柜电商的感觉。

第二个案例"物流场景"则略有不同。在我们的物流场景中，当用户看到货品的信息时，就会发现货品、导购员其实都是真实存在于专柜中的。当用户下单购买商品时，在电商上下单通常意味着商品直接从仓库里发货。但对于我们来说，情况则完全不同。

　　想象一下，用户在商场的一楼下单购买了化妆品，三楼下单购买了女装，最后在顶楼下单购买了锅具。当我们的取货员手握多份不同订单来取货时，因为还没有完成当前用户的订单，所以无法查看其他订单需要拿取的货物及楼层，导致他面临了一个困境：他需要先去一楼，再去三楼，最后去六楼取货，完成用户这一单的取货任务后，返回一楼点击完成取货。再分别去其他不同的楼层取货，并再次回到一楼点击完成下一个订单的取货任务。

　　为了提升取货员在整个垂直舱空间场景中的效率，我们彻底改变了整个物流仓储在取货逻辑上的信息承建逻辑，将原来B端数字化常见的以单为核心改为了以空间为核心。具体而言，我们将线下空间的楼层以UI的形式直接呈现在线上。同时，我们也将商品的分配方式改为以楼层为单位进行。这样一来，取货员能够清晰、迅速地了解到每一层的任务分配情况，这种改变使得取货员能够更加高效地完成任务，提升了整体物流仓储的效率。值得一提的是，这个创新的设计也为我们的设计团队带来了第一个发明专利。

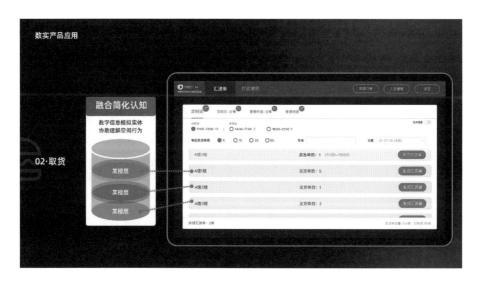

第三个案例与前两个都有所不同。在前两个案例中，我们体验设计师独立完成了整个设计工作。而在第三个案例中，我们团队融合了体验设计师、空间设计师和平面设计师的力量来共同解决问题。银泰拥有许多线下自营店铺场景，例如我们在洗衣店进行体验迭代升级时，我们会发现用户所有的操作路径有时在线上，有时又在线下，这给用户带来了一些困扰。为了解决这个问题，所有设计师都回归到空间一线，以深入了解用户在使用线下店铺时所面临的问题。

通过观察和调研，我们发现了三个主要问题。首先，由于用户在线上去下需要线下完成的订单，因此容易出错，会导致下错单的情况频发。其次，线下和线上流程之间的界限模糊不清，会使用户感到困惑。最后，因为衣物需要交给商场进行洗涤，所以用户对安全性会产生一定的担忧。

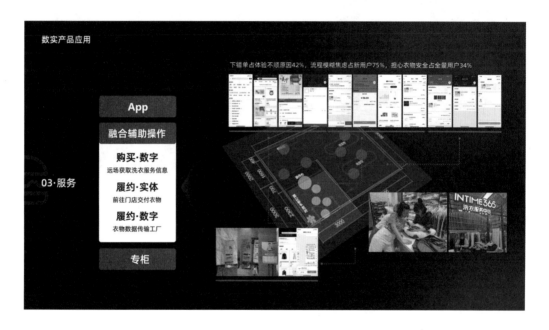

为了解决用户在线下店铺场景中所遇到的问题，我们采取了一些措施。首先，我们将线上和线下的信息进行通排，当用户在线上下单时，我们会大量呈现线下门店的内容来提供信息补足。当用户出现在线下空间场景中时，我们会提供大量的二维码，根据用户的链路展示物料、海报、屏幕等信息，帮助用户更好地了解和参与线下活动。

其次，我们在线下导购员的行为上也进行了创新。我们要求导购员在接收用户衣物时进行拍照，并将这些行为数据同步传输到线上，让用户了解自己在线上和线下的行为都有相应的记录和反馈。

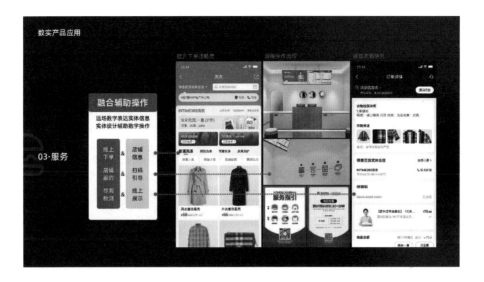

回顾我们的思路，可以发现，这些思路与我们在纯线上或纯线下情况下的设计思路是不一样的。在设计过程中，我们首先注重观察用户的行为本身，而不是关注行为发生的具体端口。这意味着我们要求每位设计师都要从用户体验的角度直接体验和理解一线的情况。

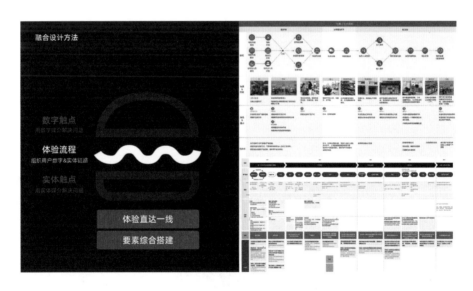

在进入设计团队发展的第二阶段，我们根据这条链路将与百货相关的常见元素进行了扣合。然而，当我们开始向行业进行设计输出时，我们意识到行业面临的挑战和困难。而如何应对这些挑战和困难，就是我们做的第二个方面的工作。

我们在数字化转型方面有着丰富的经验、沉淀下来的方法和来自互联网公司的人才储备。因此，在为银泰做数字化转型时，我们深刻理解这样做的意义和方式方法。然而，当我们希望将我们的知识和经验输出给整个行业时，我们发现在行业中存在两个主要问题。首先，一些传统行业可能没有意识到数字化转型的必要性，或者认为自身目前的经营状况良好且不需要数字化转型的帮助。其次，即使一些行业认识到数字化转型的重要性，但由于缺乏相关人才储备和知识，他们并不知道如何实施转型。

面对这样的情况，我们不能仅仅依靠以上提到的常规设计手段去完成工作，还需要借助爆款案例和全面教育设计的输出来解决问题。

我们意识到，打造数字化企业的能力对传统行业来说非常重要。

整个传统行业的市场团队也清楚地认识到像元宇宙、数字人等一系列场景能够真正给传统企业在公关层面上带来新的变革和影响。因此，这可以成为一个相对容易敲开传统品牌心房的设计方向。

以我们为国货美妆毛戈平设计的数字藏品方案为例，它在完成之后不仅在国家级新闻媒体上得到报道，还在商场中得到了全面的展示。这样的案例能够让品牌方更好地了解设计所能带来的影响力和效果。

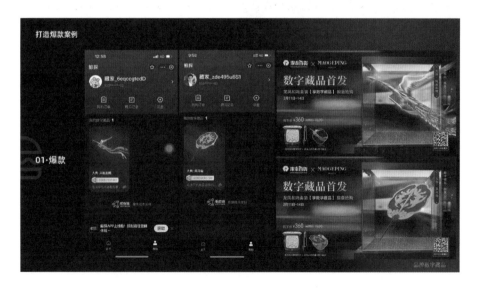

在第二个阶段，一旦我们成功打动了用户的心，我们就需要进一步与设计团队协作，以确保项目的顺利进行。对于传统行业客户而言，他们可能不太了解数字化转型的前期工作，

因此我们在前期会增加设计团队自己本身的设计商务和项目协调这两个环节，在设计商务环节中，我们会更早地介入，并向他们介绍数字化转型方案的潜在影响和好处。通过详细解释数字化转型的过程和可能带来的结果，我们可以帮助他们更好地理解和接受这一变革。在项目协调环节，我们会与客户的高层管理人员（如CEO、项目经理等）紧密合作，以降低传统企业内员工对数字化改造的心理抵触感。我们会努力在整个流程中为他们提供支持和理解，确保他们对转型的信心和参与度。

这是我们最近刚刚完成的紫金矿业数字化能力建设项目。紫金矿业是一家非常富有的上市企业，虽然主要从事传统矿产业务，但他们希望拓展到黄金首饰领域，特别是线上电商市场。为了帮助他们实现这一转型目标，我们不仅提供了常规的设计交付，还作为设计师积极参与了选品、运营逻辑和商业发展现状的定义。在整个线上线下（另一个阿里团队负责）打造交付后，我们还进行了长期的陪跑项目。通过这样的陪伴，传统企业才能够更好地了解这些数实融合的数字化设计在实际行业中是如何应用的。这对于传统企业的员工来说也非常重要，可以大大减少他们安全感的缺失。

在完成内部改造并开始输出到外部行业后，我们意识到整个零售行业仍然面临着许多问题。作为一个小的设计团队，我们也不可能拯救整个行业，但可以通过白皮书来沉淀通用工具，通过与高校和企业等的合作来影响行业思维，从而更快速、高效地推动事情的进展。这是我们做的第三个方面的工作。

白皮书是一种将设计资产和经验沉淀下来的方式，但是对于我们来说，场景会很不一样，我们没有办法用用户体验设计，也没有办法用电商资产。

例如，整个百货类的用户年龄层在35~45岁，他们开始逐渐适应老龄化趋势。因此，我们需要根据这个特点来调整界面，如间距比常规要大，字符比常规要少，字数也会有不一样的变化。对于我们来说，我们的用户不仅仅是C端用户，还包括B端品牌。如江南布衣和阿迪达斯等品牌，他们更加关注自己的品牌调性而不是转化率。这个时候就会出现一种很奇怪的现象，这些品牌宁愿把一个模特的大图放在它的App界面上，也不愿意多放一些货品信息。这会导致我们在设计资产和沉淀逻辑上会有非常大的区别。

所以在制作C端和B端的白皮书时，我们意识到它们会有很大的不同。除了形色之构的基本的定义之外，像图标设计也会根据特殊的业务场景进行一些不同变化。

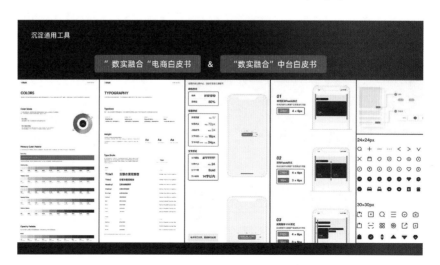

我们也知道仅凭设计沉淀本身并不会对整个行业产生根本影响。因此，除了沉淀设计资产，我们还致力于将之前的经验和方法系统化，并与其他机构、高校、企业进行合作，去做更多的系列性的教学，以推动数字化转型的普及和教育。我们的方法教学体系包括品牌、创意体验设计和大学生职业规划等多个领域。

通过与高校和企业的合作，我们在必修课程、毕业秀和设计比赛中提供支持。此外，我们还组织各种活动，从小年龄层到大年龄层，不断给大家渗透零售行业转型的重要性。我们的目标是让更多人意识到设计师在数字化转型中的价值，以及甲方需要积极参与其中的必要性。

为了能够更好地承接素材和输出行业，我们设计团队自己搭建了一套官网（http://inux.intime.com.cn），并将之前提到的素材沉淀在上面，以供行业参考和应用。

在变化的过程中，我们的组织模型也发生了巨大的转变。这也是我们做的第四个方面的工作。我们的组织模型从传统的垂直式管理转变为虚拟经营式。通过虚拟记账的手段，如阿米巴经营理念。我们假想自己是一家设计公司，与内部的业务部门进行虚拟经营结算。这种模式帮助我们的设计师提前了解服务传统行业或客户时应该遵循的服务流程和行为准则。

基于这样的组织架构，我们不仅能够为内部提供能力孵化，还能够进一步与外部行业接轨。

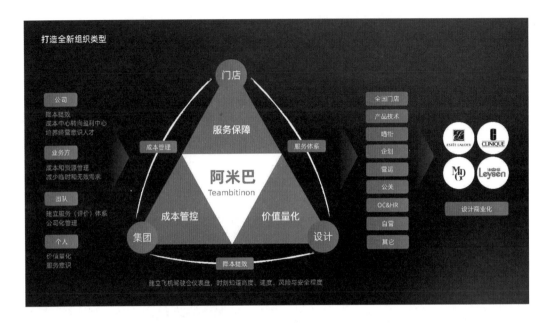

除了整个系统能力的变化，我们设计师的能力模型也经历了巨大的转变。过去，我们更注重在自己的专业领域内做精深。然而，现在我们采取了两种方式来提升设计师的能力。

首先，我们鼓励设计师不断练习系统化和链路化的思维与能力，并将其嵌入到自己的能力体系中。通过这种方式，设计师可以更好地理解整个业务流程，并能够提供更加全面的设计解决方案。其次，我们鼓励不同类型的设计师进行合作。例如，在线下信息内容的梳理项目中，我们就要求线上和线下的设计师一起合作完成这个项目。这样的业务磨合不仅能够提高团队的合作能力，还能够促进设计师能力的全面发展。

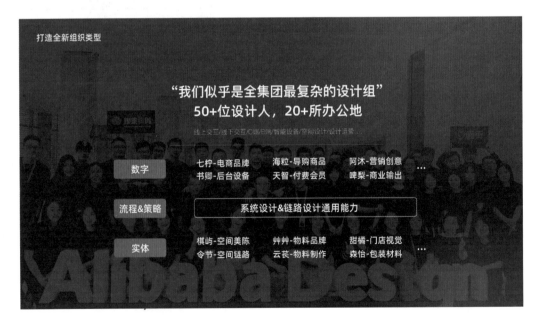

回到最根本的个人设计师能力的情况，我们也要关注整个行业的变化。除了专业设计和策略设计的能力外，在商业规划、项目掌控等一系列方面也需要具备新的补足能力。

例如，我们的设计师对于数字化和实体融合有着深入的理解。当一个实体零售商提出要进行数字化改造时，设计师能否真正帮助他们计算出投入产出比，判断实体功能是否值得被数字化，以及如何在执行过程中帮助一个完全不懂数字化领域的传统零售商了解每一步设计的步骤。这些都是我们这个领域的设计师需要考虑和着手处理的事情。

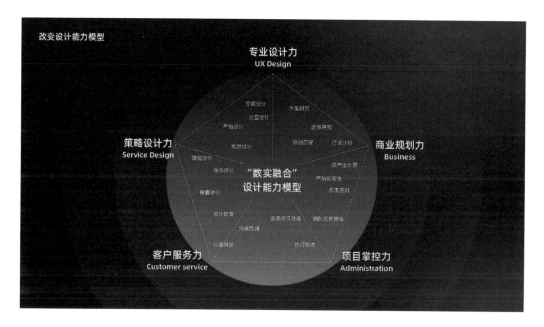

最后，用阿尔托的一句话来总结上述内容："在地球上创造一个天堂是设计师的任务。"

不管是完成整个银泰的项目，还是帮助行业数字化能力升级，对个人和团队来说，都是一个巨大的挑战。我们在数字化转型的道路上面临各种挑战和困难，但作为设计师，我们不能退缩。因为对于我们来说，在传统零售领域，为整个传统企业商户创造一个天堂其实就是我们的任务和使命。

霍然

阿里巴巴银泰商业体验设计负责人，阿里巴巴银泰商业事业部体验设计总负责人，意大利米兰理工大学服务设计硕士，阿里巴巴设计周及IXDC国际体验设计大会讲师，荣获"光华龙腾奖·中国服务设计业十大杰出青年"称号。负责银泰喵街App、Mos中后台、本地服务、物流收银智能设备、零售空间等线上线下全链路体验设计内容。

设计理念：坚信全面系统的体验设计思维，将推动社会的进步和发展。

第2章
研究与探索

大模型让我们看到了实现通用人工智能的路径，使我们处在一个全新的起点，这是一个以大模型为核心的人工智能新时代。生成式AI已经可以帮助我们写代码、写合同、写PPT、用团队积累的知识经验来指导新人，而接下来多模融合的生成式AI则会更深入地重塑我们生产的全流程。同时，人机交互方式将更符合人类习惯，并且可以从反馈中不断进化，提升准确性、逻辑性和流畅性，为人们带来更智能、便捷、个性化的使用效果，同时也会带来更加愉悦和满意的服务体验。生成式AI带来的"双效"提升，将加速推动整个社会实现"智能化跃迁"。

新工业革命曙光初现：大模型将极大提高生产力

2023年人工智能迎来了拐点，特别是大模型，受到了资本界、产业界和学术界的广泛关注，从资本的投入、产品的数量到论文的数量都有高速增长。5月28日，科技部新一代人工智能发展研究中心发布的《中国人工智能大模型地图研究报告》显示，中国研发的10亿参数规模以上大模型已发布79个，位居全球第二，进入到了"百模大战"的时代。

之所以有这样的浪潮，是因为一个新技术的出现，特别是革命性的新技术出现，一定会带来GDP的大规模的增长。而大模型之所以成为焦点，是因为它让我们看到了实现通用人工智能的路径，使我们处在一个移动互联网时代之后的全新起点，这是一个以大模型为核心的人工智能新时代。

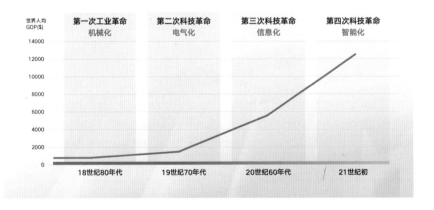

拐点的出现，预示着更大的可能和期待，人人皆可AI。

首先，生产经营的效率将会极大提升。

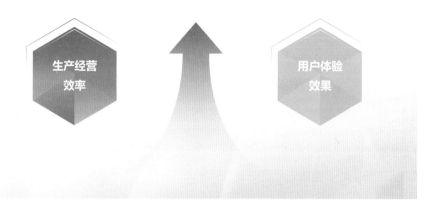

在大模型的加持下，"模型即服务"(MaaS)将成为主流

在人工智能时代，IT技术栈也演变成了新的四层架构。底层仍然是芯片层，为大模型中大量的并行计算提供服务。芯片上面是框架层，主要是指深度学习框架，极大地降低了模型的使用和开发门槛，并且将模型与算力磨合得更好。

在此之上是模型层，百度是国内第一个发布大模型产品的公司。能这么快地发布，是因为百度长期的积累和投入，早在2019年就发布了文心大模型1.0版本，至今已经迭代到了3.5的版本。

在未来，一切都将以大模型为底座。模型即服务（model as a service，MaaS）将成为主流，云计算企业把大模型能力输送给各个不同产业类型的to B企业，以AI集成势能，释放出更大的产业数字化转型空间。

基于通用大模型，结合具体的行业场景，一定会出现大量新的AI原生应用。

大模型让通用人工智能成为可能

那么，大模型到底具有怎样的能力，能掀起这样大的智能化浪潮？

当前的人工智能基本属于弱人工智能，又称"专用人工智能"，只能完成特定智能任务，解决特定的智能问题，相当于一个一个小任务，配上一个一个小模型，然后进行拼装完成特定智能任务，仍然属于计算机"工具"的范畴。

通用人工智能是人工智能发展的终极目标。通用智能发展的基本思路是先构建具有基本智能的模型，再结合具体任务进行模型训练，从而完成各种任务。

利用"大算力+大数据+大参数"，大模型实现了智能的涌现。这种"智能涌现"现象，使通用人工智能成为可能。

通用人工智能能够自适应地应对复杂外界环境的挑战，完成包括学习、语言、认知、推理、创造和计划等人类能完成的任务，能在非监督情况下应对前所未见的问题，并同时与人类开展交互式学习，具有比肩人类的能力。

颠覆了人工智能的研发范式，让通用人工智能成为可能

随着大模型的崭露头角，我们还看到了一个令人振奋的变化。

在大模型出现之前，各类AI能力早已在产业中广泛应用，然而区别于过去，如今这些AI能力能够被大模型很好地组织起来，人工智能不再是孤立的技术点，而是形成了一个智能的网络，更像是一个整体。这意味着人工智能能够更好地满足人们的需求，提供更聪明的服务。

百度智能云产品基于文心一言全面升级

结合百度大模型四层IT技术栈架构和to B业务价值主张，我们在以下两个层面构建大模型to B业务产品。

（1）从框架层到模型层：AI全栈布局的端到端优化，能够大幅提升效率，并显著降低成本。百度智能云千帆大模型平台是我们构建的首个一站式企业级大模型平台，能够帮助行业和客户更高效、更低成本地构建与调优模型，并在每一个行业快速形成新的产业空间，助力应用实践。

（2）从模型层到应用层：构建大模型并不是目的，能够将模型落地到应用，才能发挥它的价值。对于大部分创业者和企业来说，从头开始做基础大模型不现实也不经济，基于模型开发应用服务、帮助客户提升企业的管理水平、变革交互方式为用户提供更好的体验，才是真正的机会。

基于AI原生思维，所有的产品都值得重做一遍

在这样的新变革下，基于AI原生思维，所有的产品都值得重做一遍。百度智能云，也在加速重构我们的应用产品。然而，在思考如何重构产品时，我们要避免陷入一个误区：就是仅仅对用户使用当前产品、完成任务的流程，进行拆解，然后尝试用新的AI技术去优化每一个环节，这种做法并没有真正理解AI原生。

我们需要站在更本质的角度，重新审视问题：现在的起点和终点是否真的是未来的起点和终点呢？我们需要摆脱已有的流程和技术的束缚，从头开始思考如何将事物重新组织，并且重新定义起点、终点以及实现路径。

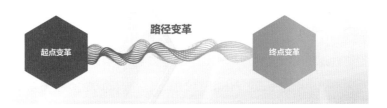

在此，我们提出一个具备实操性的重构产品的核心理念——摒弃产品原有的使用流程，考虑用户在完成终极目标的过程中，需要达成哪些条件，并思考如何用AI更好地达成这些条件。

基于AI原生思维重构产品应用

基于AI原生思维重构产品前，首先要理解大模型带来的三大方面的变革。

首先，在需求侧，问题的解决方式从点化到面化，传统的单点解决方式将被逐渐取代。

而现在，将运用更整体的、更系统的能力分析问题，并采用统一模型来解决这些问题。

其次，产品的边界也将逐步淡化。以往的产品可能局限于特定的功能或领域，难以迁移，但AI原生思维下的产品将拥有更大的颗粒度。这意味着产品将能够涵盖更多方面的需求，变得更加综合和通用。

最后，在实现路径上，AI原生思维将带来一种全新的方式。区别于以往使用穷举法来识别高优先级需求的做法，现在的做法是先让模型执行，通过实际运行中的反馈来发现问题，同时进行干预和调整，不断优化产品的表现和功能。

大模型的出现重新定义了人机交互

当下最主流的交互方式是图形用户界面（graphical user interface，GUI）。但是受制于有限的空间，我们发现产品界面越来越复杂，充满了各种不同的入口、一层一层的点击和选择菜单。

大模型可以让我们用自然语言与计算机进行对话式交互，这是一种高度智能化的过程。也就是说，未来的应用，是通过自然语言的提示词来调动原生AI能力实现的。用户通过简单的语言描述提出需求，AI则展开一系列自动处理步骤，形成一条完整的处理链，以满足用户需求。

例如，我想查一下"全球的国际游客抵达人数是否已经恢复到了疫情前的水平？"这个数据在过去很可能需要相关工作人员花费半天或者一天时间才能获得。今天，如果计算机懂你的自然语言，一秒之内就可以给你一个数据结果，甚至一个表格。

| 物理交互界面 | 编程交互界面 | 图形交互界面-GUI | 对话式交互界面-CUI |
| 效率低 | 门槛高 | 空间小 | 效率高、门槛低、无限触达 |

物理世界到数字世界 ▶ 编程操作到点选操作 ▶ 打通人类语言-机器语言

CUI人机交互

百度智能云通过AI原生思维构建了一系列AI原生应用产品，并探索出相应的人机交互设计原则和方法。我们强调将AI视为用户的合作伙伴，通过智能化的功能和特性来支持交互过程、提升用户体验。对话式交互界面（command user interface，CUI）主要包含三个核心部分：智能唤起、多元对话和服务达成。

由人工智能（AI）驱动的对话式界面设计原则和方法
强调了AI作为用户的合作伙伴，通过智能化的功能和特性来支持交互过程和提升用户体验

智能唤起　　　　多元对话　　　　服务达成

1）智能唤起

智能唤起强调所有的需求都在合适的时候，自然而然的开始。在现代的技术发展下，用户不再受限于传统的GUI界面，也不受限于已有的输入媒介。无论用户身处何种场景、何时需要，他们都可以随时唤起AI进行对话式使用。

2）多元对话

多元对话强调多元的内容和多模的交互形式。我们可以让AI理解并分析多种不同类型的输入内容，并且通过指令对大模型进行操控和调教，使大模型能够按预期完成任务。大模型在辅助用户完成任务的时候，也具备多元的形态，既可以独立，也能土打陪伴，甚至可以零散地嵌入到其他应用中的任何位置。

3）服务达成

服务达成强调针对不同类型的AI服务，提供最佳的生成结果的呈现与应用。

例如，在创作场景下，为用户自动生成各类文本和图片内容，从而极大地提高生产效率。在生产场景下，可以根据用户输入的需求，智能配置系统流程，自动优化系统配置，使其达到最佳生产性能。

掌控生成式AI

判别式AI具有高度的可控性，但是创造的能力不强，而生成式AI具有更高的创造能力，但是可控性稍弱，所以，大模型时代人机交互的核心是人们如何"理解"和"驯服"AI，使它更趋于理想态。

人和世界的交互分为接收和生产，接收信息的最有效方式是视觉和听觉，GUI可能是一个很好的接收信息的渠道，但是不一定是很好的生产信息的有效渠道。对于人类来说，最有效的生产方式有可能是"发号施令"，这也就是为什么我们经常听到，自然语言人机交互会带来提示词革命。未来如何处理好用户输入、对话交互和回应输出，是我们设计师的重要课题。设计师需要更多地了解用户的语言行为、意图和心理特征，也要更多地理解和学习AI技术的实现原理。

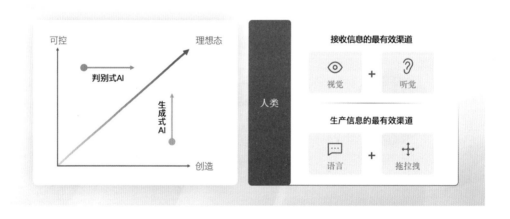

总结

大模型将成为智能化的关键推动力，其不断提升的能力必将引领人工智能技术飞速发展。在此基础上，产业创新必将蓬勃兴起，为各行各业带来深远影响，推动高质量的经济发展。崭新时代到来，希望每一位从业者一起躬身入局，为人类社会带来更多的可能性。

王婷婷

百度智能云用户体验部负责人，负责包括云、AI、政务、金融、工业等业务线数百款产品设计工作，充分结合云与AI技术能力与业务特征，构建了完善的to B产品体验健康度管理模型和产品体验策略，对推进产品竞争力的提升产生了广泛的影响力。从业10余年，曾任百度商业效果及信息流体验团队负责人，百度商业Light Design设计系统发起人和负责人，负责C端广告和B端产品群设计与重构，助力体验提升和大盘营收。

金融用户体验设计体系的建设与思考

◎ 张皓

在互联网金融时代，用户获取和选择银行产品的方式正在向互联网化、自助化和个性化快速转变。用户需求已不再局限于单纯的产品功能，而是扩展为交互友好性、界面美观性，以及由此所带来的愉悦度、价值感等主观体验。业务研发中心作为中国工商银行股份有限公司（以下简称工商银行）总行的直属机构，在开展业务研发过程中，注重以用户为中心、以用户体验为目标的产品迭代，讲求以用户实际使用场景为核心，通过业务研发全流程全角色共同参与，借助平台、工具、组件实现高质量的工作协同与交付，为持续提升金融产品的用户体验水平提供重要保障和稳固基石。

1. 工商银行用户体验工作体系的建设

通过多年的探索与建设，工商银行的用户体验工作体系可以划分为四个维度，工作理念、专业方法、制度机制、专业团队。

1）以理念为基础，树立以用户为中心的目标

工商银行在建立用户体验体系过程中始终以用户思维为指引，以用户为中心，以产品为主线，建立稳定的产品团队，优先推出高价值的产品核心功能，根据市场和用户反馈，快速灵活地调整产品设计，持续优化改进产品，全面支持互联网金融发展目标。深入挖掘市场需求，及时发现和解决产品设计中影响用户满意度的问题，全面提升产品的实用性和易用性，使产品更好地满足用户需求，给用户在使用产品和服务时带来更多愉悦、正面的体验，建立与用户"心有灵犀"的目标理念。

在产品创意及方案制订阶段，开展用户研究和市场调研，密切跟踪同业产品动态和新技术发展变化，通过多种形式广泛倾听用户和基层的意见与建议。这些意见与建议，可以为后续形成产品的创意方案，以及对产品进行完善优化奠定客户和市场需求基础。

在产品需求编写阶段，根据项目内容梳理形成目标产品信息结构、任务流程、产品数据、竞品分析报告；在此基础上开展产品交互设计、视觉设计绘制和业务需求书编写。在本阶段，基于创意征集与方案制订阶段的用户研究结论，进一步开展用户研究与体验评估等工作，如针对编写中或已完成的需求，结合项目研发进程，通过眼动测试、可用性用户评估工作来评估交互设计稿的样式是否符合用户使用习惯，及时发现体验问题，以保证需求设计的易用性和规范性。

在产品开发阶段，组织开展内部评估工作，基于开发原型及环境，跟踪开发阶段设计稿

实现情况，视情况组织用户评估，发现体验问题，为项目组提供必要支持。同时，进一步分析各类体验问题，并推动、追踪体验问题的解决与落实。

在业务验收测试阶段，对于需开展体验评估的项目，按照版本组织体验测试和业务测试工作，同时做好环境搭建及组织项目组内人员开展体验评估，根据项目情况和需求，利用线上线下资源优势邀请行内外用户开展体验评估。对体验测试及业务测试中发现的体验问题进行统一管理，进一步分析并推动落实解决方案。

在产品运营阶段，项目投产后，根据项目情况或产品提出用户体验相关需求，如分析新版产品是否提升了用户体验评价、验证投产功能是否符合预期目标用户使用偏好，探寻产品未来进一步优化的方向等。同时，进一步跟踪产品问题的落实情况，并根据收到的体验需求或体验工作需要，制订用户研究方案，利用用户体验量化评估工具，获取行内外真实用户对于产品的评价及反馈，收集相关体验问题，作为产品后续优化的依据。

"以用户为中心"理念在产品研发流程中的实践，有效提升了产品研发的质量和效率，提升了产品的市场表现力及核心竞争力。

2）以方法为先导，建立科学客观的规范指引

在专业方法方面，为提升用户体验工作的科学化，做到体验工作有据可依，工商银行在充分研究学习用户体验理论的基础上，密切结合研发工作实际，率先在银行业内建立推行了适用于产品生命周期各阶段的五类用户体验方法指南，以及用于具体指导业务需求编写的四类产品可用性设计方法指南，构建了完整的用户体验方法体系。工商银行在科学化方法指南的指引下，通过用户体验、可用性设计专家与产品经理的紧密配合，在产品生命周期各阶段落实"以用户为中心"的理念来对产品进行研发和管理。

在产品设计原则与设计规范方面，工商银行根据产品研发的需要，目前按企业级、产品级和应用级分别建立了规范指引，例如在企业级的规范建设中，我们制订了《用户界面（UI）设计原则规范》，用于统筹指导全行各类产品的设计工作，"设计原则"主要明确"什么是好的设计"，指导产品经理、设计师在开展全行级产品界面设计时应遵循的设计原则；"产品设计规范"主要明确具体的设计样式、尺寸、颜色等，指导产品经理、设计师在开展产品级界面设计时应遵循的具体规范；"界面设计指引"指导开发人员开展应用级前端技术研发。各角色基于专业方法与设计规范有效开展研发工作，再通过架构、流程、页面三个层次，去转化落地我们都熟知的"用户体验五要素理论"。

3）以制度为依据，完善全生命周期体验管理

为推广用户体验理念方法，使用户体验工作深入开展，工商银行通过在全集团、金融科技条线、各机构内"三个层级"建立了用户体验的制度机制，为用户体验工作的深入开展奠定了坚实保障。在全行层面，重点明确总行各部门在用户体验工作中的职责分工与要求标准；在金融科技条线内，重点明确了打造产品极致体验的工作目标，以及工作流程、各角色体验职能；在各机构内，围绕用户体验工作制订了配套的工作手册，进一步细化各机构、各

角色的相关要求，确保体验各项工作稳步实施。例如，工商银行建立了体验问题发现与解决机制，根据对客户影响程度的轻重和影响范围的大小，制订了体验问题分级分类标准，并针对体验问题不同等级明确了问题解决的时间要求。

4）以人员为动能，驱动体验团队专业化升级

目前工商银行已建立了百余人的用户体验设计团队，团队专业背景覆盖心理学、社会学、工业设计、艺术设计等专业学科，为深化用户体验工作奠定了坚实基础和人才保障。团队主要分为用户体验、交互视觉设计两个主专业方向，具体实施产品交互设计和视觉设计，并对产品体验水平与产品设计质量进行把控。同时，成立了灵犀研究实验室，开展用户体验设计方面的前沿专业理论与趋势研究、承接重点课题，牵头推动工商银行用户体验制度与环境的建设，提炼产品设计规范与体验设计原则。组建"启思工作坊"专业团队，面向全行乃至行外传递用户体验的工作思路和方法流程，通过这种对外输出的手段，不断传递工商银行创新、年轻的企业形象和专业深度。

2. 数字化用户体验设计生态

1）以趋势为引领，探索体验设计发展方向

工商银行的体验度量从问题论到现在的全景式体验监测，共经历了4个发展阶段。在用户体验工作发展初期，工商银行已建立了体验问题分级分类标准，并据此开展持续的认知走查和可用性测试，通过体验问题数量和影响程度定性评价产品体验。在体验度量1.0阶段，工商银行通过业界通用的净推荐值（net promoter score，NPS）来测量产品的体验水平，并通过纵向对比跟踪重点渠道用户体验变化。在体验度量2.0阶段，工商银行自主研发了"ETS用户体验评估模型"，用于测量产品整体用户体验水平、多维定位用户体验状况、客观诊断确定产品未来优化方向的重要工具；ETS（elite score，精品指数）模型可用于金融界面类产品，其核心指标为ETS分值，可以综合反映产品整体用户体验水平，此外还会针对评估标的产品输出多维满意度和体验优化矩阵，用于详细分析体验影响因素，定位最应优先解决的影响因素；ETS模型已正式发布团体标准《金融界面类产品精品指数（ETS）用户体验评估指南》（T/IQA 20—2023），并已作为关键指标广泛应用于全行重点项目及渠道产品体验监测，解决了NPS较难定位体验影响因素、较难诊断体验提升方向、缺少统一标准等问题。随着"以用户为中心"理念的深入贯彻，体验监测的需求更加旺盛，我们对体验监测进行了创新构建，进入体验度量3.0阶段，覆盖到用户态度、用户行为、用户特征等多方面的评价维度，从而更精准、高效、全面地体验监测，把握产品体验脉动。

2）以平台为支撑，构建体验设计保障体系

企业级用户体验管理平台，实现基于全生命周期的产品优化闭环机制的数字化、线上化管理，做好现有信息收集渠道的统筹和对接，使线上线下、行内行外用户意见数据全面采集呈现，形成用户体验生态圈，从基层和用户的声音出发，为产品体验提升提供工具支撑。该平台的功能模块包括"用户声音""体验问题""体验监测""体验活动""体验资讯"五大核心板块。在这些功能模块的设置上实现了用户声音的集中呈现，体验问题及流程优化的统一管理，促进了体验问题优化落地，实现全渠道、全线上、全透明的管理机制；在线上实现集人员、工具、制度、方法、资讯多位一体的全行体验；实现全行产品体验量化评估指标的展示，呈现产品体验情况。

企业级设计体系平台——燕几，建立了集"管理平台、原则规范、前端组件、设计资产、配套工具"五位为一体的数字化设计生态，并从用户视角持续提升平台易用性，扩充内容丰富度，面向全行实现组件及配套资产的平台化输出、组件建设及使用的线上化管理，不断深化数字化建设能力，加大资产协同效力，拓展应用的广度与深度，并通过与方法、工具的结合，整体提升资产的数字化效用。

工商银行智能图库——丹青，是由业务研发中心自主研发、面向全行提供可商用设计模板、插画库、图标库、字体等素材的智能设计平台，通过商用设计资产共享，智能设计技术为全行提供高效规范、零门槛上手、所见即所得的在线设计工具，进行设计合规检测，面向全行输出设计能力和可复用设计资产，助力总分行业务营销，节省全行用图成本，提升用图质量和效率，同步防范设计合规风险。

"工银众测""工银问卷"数字化工具系统，连通行内外发声渠道，提升工作质效。"工银众测"是业务研发中心自主研发的支持众测的产品，主要提供用户体验测试、Bug探索测试、兼容性测试、问卷调查四大类服务，如用户体验测试是指任务发起者利用众测平台，借助真实用户的操作反馈，收集产品满意度评价和意见建议，帮助任务发起者及时改善产品质量，提升产品的易用性。"工银问卷"系统定位服务我行全行，面向外部客户，覆盖问卷编辑端、问卷填答端，设有常用的单选、多选、填空、量表等题型，问卷发布后可生成供内外网填答的问卷链接和二维码，回收的问卷数据以可视化形式展现，并支持导出全量数据。

3. 未来数智金融服务

"数智金融"是"加快发展数字经济"总体要求下的金融服务新模式，也是我们未来共同努力的新方向。作为一名银行从业者，我理解的"数智金融"，可以从金融本身的特有属性展开思考，如，金融行业有着资金安全性、交易严谨性、产品专业性、用户广泛性、场景复杂性等特点，这也意味着，金融行业服务的体验目标不能简单定义为智能推荐、简化流程、提升体验，更要保障金融产品的安全。我们可以充分发挥品牌、平台、数据和专业等多元能力与优势，在保障用户资金安全与信息隐私的基础上建设"数智金融"，以此为用户提供更安全、更精准、更高效的金融服务。工商银行，始终是"您身边的银行，可信赖的银行"，工商银行的用户体验设计，始终保持初心，聚焦"感用户所感、超用户所期"的专业愿景，在体系建设、方法论应用及体验创新方面不断助力数字化转型下银行产品体验的提升。

 张皓

中国工商银行业务研发中心资深金融科技经理，从事金融体验设计工作19年，拥有丰富的体验设计管理和团队建设经验，参与中国工商银行体验设计专业团队从0到1建设，与团队共同构建"以理念为基础，以方法为先导，以制度为依据，以人员为动能，以数字为支撑"的全方法论体验设计工作体系，所在团队始终聚焦"感用户所感、超用户所期"的专业愿景，持续打造金融领域体验设计专业团队，不断助力金融产品体验水平提升。

在2018年以前金融行业整体的科技发展进程，经历了金融电子化、互联网金融、金融科技三个阶段。而在2018年金融行业开始逐步从金融科技向全面数字化方向发展，从消费互联网向产业互联网延展，从关注流量回归到关注数据，从C端向B端、G端演变，从个体行为向万物互联逐步延伸。

在这期间，招商银行股份有限公司（以下简称招商银行）经过36年的发展，在巩固零售银行、轻型银行战略成效的基础上，树立了打造"创新驱动、模式领先、特色鲜明的最佳价值创造银行"的战略愿景。

围绕以客户为中心、以"价值"为起点的基本思想，招商银行体验设计团队延伸出了以客户价值为价值之源、以员工价值为价值之基、以社会价值为价值之求的设计框架理念。

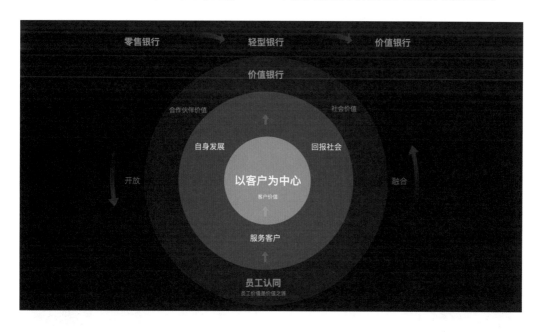

在这个理念之下，招商银行的体验设计也开始了自身数字化转型之旅。

数字化转型，本质是组织利用最新的数字技术和解决方案，对其业务模式、流程、文化和客户体验进行全面升级和改造。这种转型通常包括应用人工智能、大数据、云计算、物联网等先进技术来创造价值，以提高效率、降低成本、增强竞争力和改善客户体验。

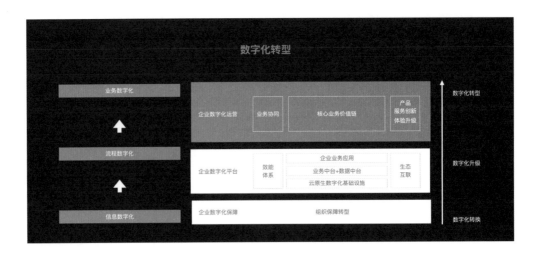

在招商银行打造价值银行战略目标和全社会数字化转型的大背景下，作为核心服务于企业级B端设计的体验设计团队，在解决这类数字化创新场景产生的设计需求时，我们加入"基础设施云化、技术架构互联网化、协同办公移动化、应用场景智能化"的实践中，一同推动质量、效率、动力的多方位创新，融入企业数字化转型，融入企业协作流程，构建设计体系工具，强化设计工作方法，推进体验一致性。同时，我们还根据业务策略变化调整设计管理模式，赋能业务场景，关注员工价值体现，应用设计策略赋能产品服务，推动客户价值的提升。

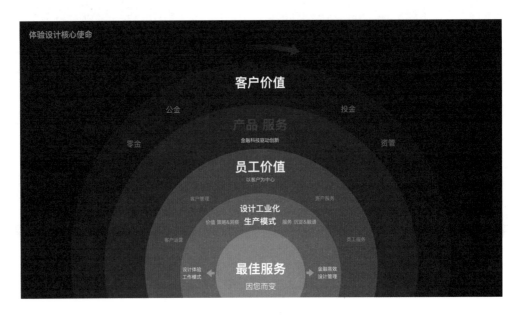

在这个过程中，我们首先从融入企业精益项目协作流程开始，在以技术为核心的端到端项目管理工作流程中，融入设计角色。明确设计加入后的协作方式，清晰各自职责边界，同时明确里程碑节点。运用项目管理工具，让设计与其他项目角色充分联动，根据各个业务线的协作差异化，制订内外协作的机制，让协作更顺畅高效。

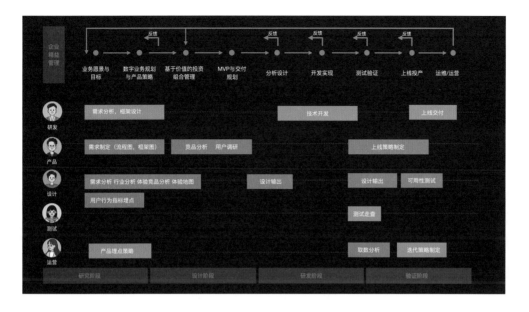

我们探索匹配业务环境的设计方法，完成体验策略构建。

面对业务覆盖面广、业务类型多样复杂、链路长角色多、专业门槛高、系统重复建设频繁等问题，我们运用绘制业务全景图的方法，从产品目标出发，通过全局视角对行业领域分析，对客户和用户进行定位与分型；通过还原用户旅程、洞察用户行为数据、关联到具体的体验问题，来挖掘用户旅程断点与机会点。同时，我们还触达到场景，从场景中探查跨业务间的相同场景，把这些相同场景定义为典型场景，拆解到典型页面，并以此为基础进行通用交互模式的抽提及通用UI组件的抽提，最后形成各个业务线设计规范，沉淀出设计指南。

通过从产品层、业务层抽提场景到页面，再到组件，沉淀出设计指南、设计规范原则，然后将这些设计资产返回赋能产品业务并最终应用。与此同时，设计方法、设计指南、设计规范在团队内落地，这也大大提升了团队内设计师的工作效能。

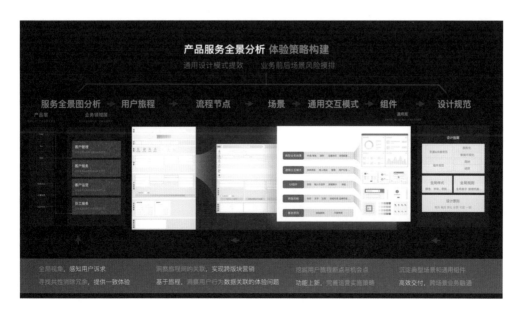

这里列举两个案例。第一个案例是在柜面业务场景中，系统平台重构要快速实现7000+业务的运转办理。困难点是：怎样在系统重构的同时快速完成7000+业务上到新的柜面系统？

我们运用绘制全景业务图的方法，明确了核心目标，即打造"一站式智能办公系统"，柜台外我们对客户进行分类，柜台内我们对用户（也就是柜员）进行分型，梳理零售与对公业务类型全景，通过用户旅程梳理出典型业务场景。

我们抽提出了7大产品应用，重构平台框架。

期间，我们选取了两大典型业务场景（零售存取、对公汇出汇款）作为最小可行产品（minimum viable product，MVP）快速试错上线。针对这两条业务线功能链路进行梳理排查，诊断出了三大产品问题，即业务规则和风险透传问题、业务流程不流畅、平台框架不能承载未来规划等。在疏通线上业务流断点方面，设计侧简化业务流，建立过程中风险透传机制，优化产品问题反馈流程体验。

过程中，设计也洞察到多业务存在共性场景，并对更多的业务做了归类和分析，面向典型业务场景抽提出了通用流程、模块、组件。整个项目期间，我们共沉淀出25+组件作为产品通用组件，以更多业务流程界面分子的形式，输入到可视化搭建平台，实现高效搭建。

在接下来高效搭建的过程中，我们又继续在更多业务场景，抽提出典型页面，作为开发搭建的规范指南。通过基于网点服务蓝图，打通柜面外客户旅程的多个触点，探索厅堂一体化的服务体验。

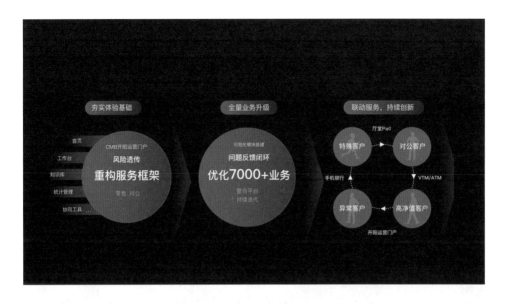

第二个案例，在私行业务场景中，我们同样通过业务全景梳理，洞察到私行业务场景中，产品日历、预约投顾日历（包括盘户计划、客户经理日程）与企业内即时通讯产品的日程场景存在共性。我们将日程属性的通用设计模式进行同场景融通，实现了跨业务的设计模式复用，提升了产研效率。

在提升内外效能的同时，我们也构建了产品体验度量体系——UCATS[①]体验度量模型。

UCATS模型理论上是金字塔模型，它关心产品从"能用—有用—易用—爱用"层层递进，体验需求越来越高级，从而延伸出UCATS的五个维度：稳定性、任务完成度、接受度、清晰度和易用性。

---

① UCATS：10% Usability易用性；15% Clarity清晰度；20% Adoption接受度；25% Task Success任务完成度；30% Stability稳定性。

我们综合了PLUSE、HEART、PTECH三种模型的优点，再结合"接受度"受主观感受影响类指标，在强调B端复杂业务特有的"上手体验"背景下，建立了具有招商银行特色的UCATS模型。

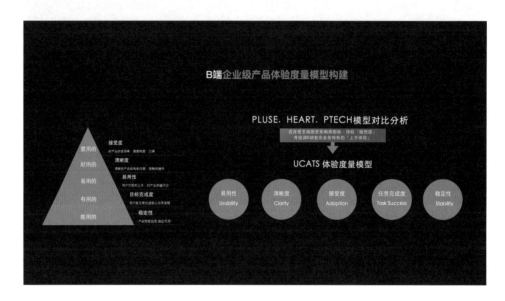

依据模型逐步实现B端企业级产品体验度量的标准作业程序（SOP），多种方式接入数据，依据模型确定数据埋点指标，在需求下钻分析时，以用户旅程为基础，获取、汇集并展示用户行为数据，运用模型分析根因，最终模型应用到具体数据平台，实现了落地到体验全流程的度量工具覆盖。

我们还同步构建了基层设计资产与工具平台，包含了设计资源工具建设和体验策略沉淀。

设计管理平台承载了在体验策略的运转中，沉淀出的原则规范、设计标准、体验度量模型、品牌解决方案、设计类课程&文章。同时，它也包括了通用设计组件、设计提效工具（完成了设计原则在配置工具上的实现）、版权素材以及前端物料。

依据目前业务形势，探寻恰当的设计策略和方法，并将过程中收获的设计资产（设计规范、设计原则、全局样式）沉淀成设计指南，把这些相应的资产、规则、组件，输入到团队研发的组件配置工具、素材库以及体验度量工具等提效工具中。同时，我们依据相应的设计内外协作机制，打造银行领域专业级的设计体验，提升产设研效率，降低设计门槛，最终形成了针对企业级平台和中后台的产品设计体系。

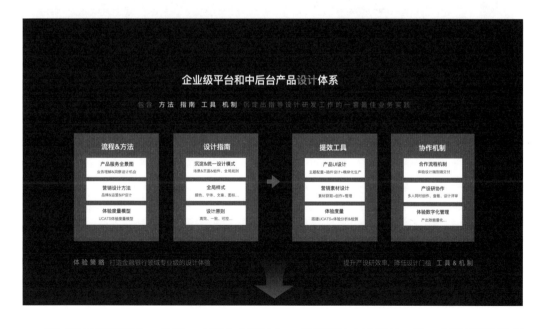

基于设计管理平台，我们一方面向产研输入，提供设计方法提效工具、典型场景通用组

件、前端物料等，推动数字化提升产研组织效率；另一方面向业务输入，提供营销物料搭建工具、分层设计素材，满足一线销售定制化营销诉求，推动数字化服务客户。同时在两侧输入运行过程中持续产出的相应资源再反哺到设计管理平台，如此循环运转，最终形成了工业化的设计生产模式。

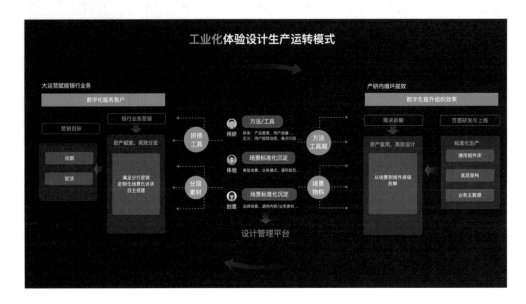

最近，我们也在探索AIGC工具对体验设计核心触点的赋能。例如AIGC工具中智能联想与需求分析用户旅程的适用性，文生图、图生图、海量生成不同设计风格产品界面，甚至于快速生成产品界面的可行性，AI眼动是否能支持更高效地完成设计验证。

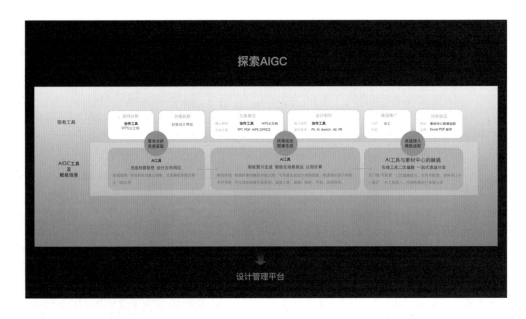

我们一起期待未来，未来已来。

张乐

招商银行体验设计经理。具有10多年行业工作经验，辗转于传统品牌设计、4A广告、互联网门户及产品设计。积累了丰富的工作经验，曾经作为设计经理服务过网易新闻，同时也在阿里巴巴集团和美团等多家大厂工作过，培养过诸多设计师。目前回到传统行业带领跨地域60人设计团队，擅长从0到1的组建设计团队，为业务方提供优化体验的设计解决方案，同时也具有整合设计团队的能力与经验。

随着"体验时代"的持续推进，产品体验竞争力打造已不再是单点突破，更需要以"体验旅程"来击穿产品竞争力的破局点。用户体验研究是体验竞争力打造的重要工作部分，如何通过构建用户体验研究的"工作旅程"，来帮助产品打造体验竞争力，并打破部门间的藩篱形成协同体验创新呢？

1. 用户体验研究工作的转变与认知

随着社会从工业经济时代发展到服务经济时代，消费者的需求不再是单一功能性产品，而是需要产品发挥更多实用性功能，并与自己的使用场景建立价值关系。社会进一步发展，体验经济时代到来，消费者更加强调使用产品的感受、情感的诉求，产品需要更多地关注用户习惯和口碑，产品与用户所建立的价值关系也越来越多元，因此我们说用户需求相应的已从单一产品转变为复杂服务系统。

与产品相关的设计，从单一的硬件设计，经历了产品设计，逐步发展为体验设计。从用户视角来看，产品设计不再仅仅关注产品本身，只考量如何让客户购买和使用，而是更加注重使用场景，以客户价值为目标，进一步关注如何解决客户在整个服务系统中的问题并满足需求，注重从交付单个产品到交付一段旅程的转变。

时代的冲击，改变了消费者的观念和行为，打破了传统商业模式，也打破了产品设计时代的体验范式，因此体验研究的工作方法、范围和价值也需要进行重新定义。用户体验研究的边界更加广泛，有机会描绘全链路用户场景需求，提出关于角色分层、流程和模式优化等问题的解决方案。

研究工作已不再是单点实时性的研究，需要在发现的问题中获得更多场景化需求和机会洞见，这是产品体验创新的重要输入；研究结果不仅是提出问题，而需要进一步提出问题的解决方案，且解决方案不再局限于优化产品功能，更需要注重拓展场景化用户思维和解决问题的边界；同时需要从单点切入转向以全局视角审视和定义问题，进而优化各角色流程、重新定义角色职责、简化多角色复杂关系系统、重新定义范围和模式。

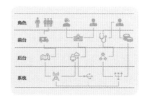

在发现的问题中获得更多场景化需求和机会洞见

拓展场景化用户思维和解决问题的边界

从单点切入转向以全局视角审视和定义问题

在以用户为中心的产品打造中，用户体验研究具备基于用户洞察分析，进行重新定义用户体验的能力；通过研究行业和技术趋势，来支撑产品形成新的商业转化；进而构建品牌体验策略，将体验价值传递给用户，形成品牌或产品价值主张感知。用户体验研究将成为价值创新的重要驱动利器。

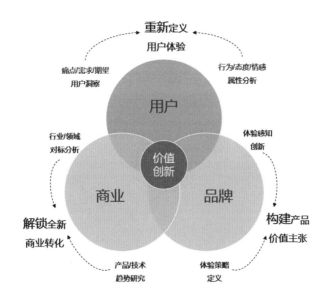

2. 构建匹配产品生命周期的用户体验研究"工作旅程"

用户体验研究是通过观察和反馈了解用户的行为、态度、需求和动机。以用户为第一视角，找到企业认知的用户需求和用户实际需求之间的差距，促进产品解决方案在满足用户需求的同时，也尽可能确保商业需求能得以满足。

在我们讨论用户体验研究流程的过程中，离不开产品研发流程，产品在从0到1的过程中，会经历概念、计划、开发、验证、发布到全生命周期管理的不同阶段。很多产品往往会按照严谨的研发思路被开发出来，在没有进行深入的用户体验研究的情况下，很容易出现缺乏对于用户和使用场景的洞察的问题，因此，产品研发周期中会出现一些以产品为中心，而非以用户为中心的问题。

在产品的全生命周期中，用户体验研究涵盖了从产品定义、设计开发到上市推广、销售和售后服务等各个环节。我们可以将产品生命周期分为策略、执行和评估3个阶段。不同环节用户体验管理的关键工作和解决的问题各有侧重。

（1）策略阶段，早期的产品概念往往容易欠缺趋势分析，忽略了真正的用户洞察，导致产品欠缺合理的价值定位，需要通过竞争性分析、用户研究及价值创新等方法工具形成产品定义、体验设计策略和价值创新。

（2）执行阶段，产品进入设计开发环节，可以看到很多产品的设计脱离用户和场景，偏离了用户的实际痛点与需求，或者是缺少必要的迭代。在进一步的开发过程中体验设计落地一致性出现偏差，在计划时间内无法形成有效、多次的设计迭代，需要通过对应的体验工具在产品上市前规避较大体验风险，完成多轮迭代优化，以使产品达到上市水平。因此在这一环节，体验研究聚焦在如何设计、根据什么标准设计、考量要素有哪些等问题上。

（3）评估阶段，产品已经开始触达用户，需要预先基于目标用户定义、客户关系建立、渠道梳理等达成全触点体验设计的一致性，在终端用户中形成品牌体验感知。同时需要通过建立用户体验评价体系及用户反馈优化机制，来保障产品形成持续有效的快速迭代，并通过持续的用户洞察为下一代产品迭代优化提供有效输入。

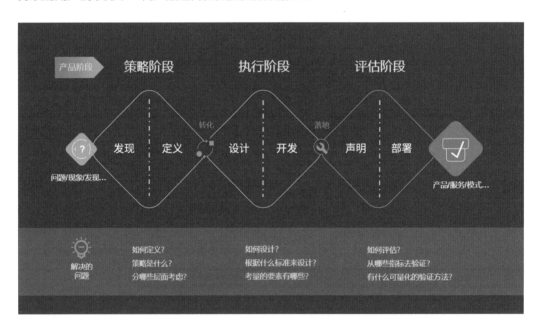

完整的用户体验研究体系和方法，能够帮助产品团队更好地了解用户需求、优化产品设计和开发、提升技术性能、建立品牌形象、改善市场推广策略、提供良好的用户支持和售后服务，以及持续改进产品和用户满意度。它也将有助于建立积极的用户关系，增加用户忠诚度和口碑传播，为产品的商业成功和企业的长期发展奠定坚实的基础。

3. 用户体验研究方法体系实践

当下我们面对的客户需求是持续变化的，使用场景是变化的，需要敏捷性才能更好地应对消费需求的变化。用户体验研究流程需要能够支撑敏捷开发、闭环管理，并且是可复制、多适用性的。它需要基于对用户行为或态度的研究方法，结合设计思维和流程，让传统研究方法与创新设计思维"碰撞"得出一套解决问题的方法体系。

这个用户体验研究"工作旅程"汲取了现象界的"迭代—反馈"的思维，让用户需求和产品核心能力形成迭代反馈机制，使其能够在产品设计开发组织中成为具有"飞轮效应"的方法体系。目前这一研究方法体系已在智能家居、办公/学习生态、游戏生态、智慧教育等多产品领域的品类中形成标准化应用，打造产品体验竞争力。

流程或体系要想落地应用，需要有具体的方法和工具支撑，在已形成的工具集中，有些是已被广泛采用的工具，有些则是在实践中融入项目经验进行改良/优化的方法。而在实际的项目中也需要这样一个工具集，针对不同类型和级别的项目，从中提取和组合不同的工具，以应对不同的项目需要。

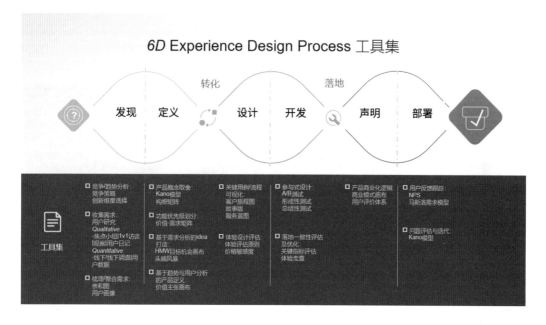

同时为了更高效地满足商业项目的落地需求，我们将产品项目划分为4个级别，根据产品所需的开发程度，匹配相应的用户体验研究工作，以在有限的时间和资源下获得项目产出。

在前瞻探索性的项目中，用户体验研究甚至可以尝试在纵深和横向范围进行延展，不仅仅输出研究结果，更可以提出体验设计方案，基于体验研究的洞察和分析能力，找到差异化创新策略。这样最终不仅可以通过产品为消费者提供好的体验，也有机会全链路、系统性地解决社会属性的问题。

L1	L2	L3	L4
Facelift	Redesign	New Concept Development	Conceptual Design
外观体验升级	功能体验升级	全新体验产品	前瞻探索
• 体验痛点分析 • 问题优先级评估	• 目标用户需求洞察 • 功能体验点优化分析	• 重新定义目标用户 • 用户场景及人群分层 • 用户需求洞察 • 体验设计创新与评估	• 未来生活方式趋势探索和洞察 • 用户体验新机会点洞察 • 概念体验创新分析与评估

4. 用户体验研究的工作策略与发展

　　用户体验研究的人员在组织中常常是需要跨专业学科、跨部门、跨品类进行工作的，而他们在用户研究领域的项目定义、洞察分析及梳理提炼等方面的专业素养，能够实现从交付研究结果到形成体验设计方案和搭建体验评估体系的延展。在此基础上，通过战略思维和品牌经营等维度的能力积累，他们有机会进阶成为公司体验策略的构建者和管理者，驱动品牌或组织的用户体验发展。

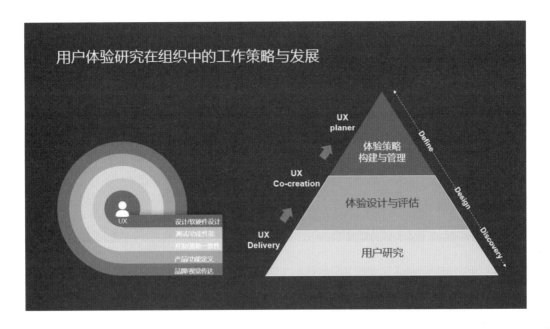

段蕾

    联想集团资深用户体验设计专家，13年用户体验研究经历，近3年先后主导消费智能产品、商用会议产品、用户服务体系、智慧医疗和教育领域用户体验项目。关注产品用户体验与商业价值的平衡，以用户研究为基础，综合运用设计思维、服务设计、体验评估等体验研究方法赋能产品体验竞争力打造，沉淀出高产品适用度、匹配产品全生命周期的用户体验分析和度量的体系与方法，成功支撑传统业务迭代及全新产品孵化。负责的项目获得德国iF设计奖和美国IDEA服务设计等奖项。

本文从一个打开创新设计思维的方法开始,介绍了在增强现实(augmented reality,AR)界面设计中的空间思维和当前技术限制,并从内容设计的角度介绍了三个设计要点:距离、朝向和色彩。然后通过案例说明提出了设计原则和建议。最终,作者呼吁设计师需要打开创新设计思维,理解人眼和设备两个可视范围(field of view,FOV),构建一个完整的体验设计系统,以实现未来用户使用方式的完整场景。

你认为什么是创新设计? 在有关未来的设计领域里,我相信AR一定占据了一席之地吧!

1. 打开创新设计的思维

每年的设计趋势中都会出现的AR设计、虚拟现实(virtual reality,VR)设计,无疑是属于创新设计一类的,而在和大家正式探讨AR界面设计这个话题前,我希望用这一小节的内容,先带大家打开创新设计的思维。

为什么要打开创新设计的思维?

很简单,因为AR界面设计,或者如今很多创新类型的设计,都是为了寻求未来更好的人机交互方式,比起已经趋于成熟的设计领域来说,它们有很多需要探索的地方。

需要探索,代表的是未知,是要我们去寻找非共识但正确的道路。

而在做AR界面设计的几年里,我发现很多以往的经验虽然能够帮助我前行,但也是阻碍我前行的桎梏。例如,我们会轻易地用一个平面的窗口来作为AR设计中的窗口,也会下意识把UI屏幕里的按钮,移植到AR场景所在的空间里。

所以,在这篇文章的开始,我选择首先介绍打开创新设计思维对我们的重要性。

打开创新设计思维,让我们有打破原有规则和认知塑造的桎梏的能力。AR界面设计不是从某个项目需求本身,也不是从已有案例所给的具象画面去理解,而是从无限可能来想象未来的样子。

既然AR界面设计是属于创新设计中的一员,那你认为什么是创新的设计呢?

GPT4.0给出的答案是: 它是一个创新的解决策略,结合了深入理解用户需求、科技进步和艺术美学,以独特且实用的方式解决特定问题或满足特定需求,从而提供改善用户体验、提高效率或创造新价值的产品、服务或流程。

读到这里,建议你稍微停一停,想想你自己的答案。

在IXDC的讲课过程中，我就听到很多非常好的答案，例如"创新设计是引入新技术的一种设计方案""创新设计是一种以前没有出现过的设计""创新设计是基于技术的进步，对现有设计的迭代改进"……

我想，你也有一个好答案。

创新的设计是那些能够打破既有认知和规则的设计。这样的设计不仅仅是为了满足当前的需求，更是为了预见未来的可能性，不断地寻找和探索未知领域，开创新的局面的一种解决方案。

所以，对我来说，创新设计就是一种描述未来用户使用方式的设计。

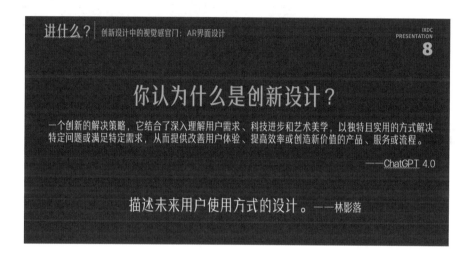

而AR界面，在创新类设计中又处于什么样的位置呢？

回归到我们和这个世界最自然的交互：用眼睛看、用耳朵听、用手操作、用身体感受、用语言传递信息和下发指令。

用眼睛看，就是AR界面能带来的、更自然的一种交互的方式。

它可以让我们不再局限于那一块有形的屏幕，让我们的所看之处，皆成为可供设计的"界面"。

那么，如果可以，你会怎么给AR界面下定义呢？

试着捕捉你看到这个问题时脑海里瞬间冒出来的画面和感觉吧，把它们凝练为词语写下来。

科技、未来、环境、温暖、人与人、链接、透明、梦境……任何都可以，暂时别去考虑理性和逻辑，更不需要在意它的好和坏，因为那都可能被我们的已知所影响，偏离那条非共识但正确的道路。

如果基于那些似乎有些没头没尾、毫无逻辑的词语来形成你对AR界面设计的定义，这道视觉感官的大门会成长为什么样子呢？

我想，它也会在未来漫长的道路中点亮你前行的方向，驱散挫折所带来的失落和无助。

最后，给出我对于AR界面的定义，它只有三个字母，AUI。

它是augmented user interface的缩写，意为增强用户界面。因为我觉得，它增强的不止是现实，是用户，也是我们人类本身。

区别于传统屏幕界面设计的新设计范式

2. 一个打开和一个限制

1）一个打开：关键思维

从用户界面（user interface，UI）到AUI，最大的不同是什么？

我用一张很简单的界面来具体说明。

在做AR界面设计的时候，为了更好地表现最终的界面效果，我们常常会在界面中衬一张真实场景的照片为底图。

AR界面设计案例：场景列表

这张照片所代表的是AR中"虚实结合"的"实"，也是从UI到AUI的最大区别：空间。

这个最大区别代表着做AR界面设计需要有的一个关键思维：AR界面是以三维空间场景为画布来设计的。

以"三维空间场景"为画布看似简单，但代表的是多一个维度后的设计。它意味着你的画布不再是二维的平面，它可以弯曲、拉伸、压缩、包裹……如下图中Apple Vision Pro定义的三种模式。

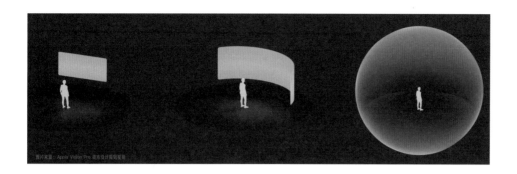

Apple Vision Pro 基本模式

在我所在的团队今年发布的AR 眼镜中，我们也将系统原有的Launcher界面从平面升级到了更具空间性的三维场景界面。

联想晨星AR两代眼镜设计稿

需要注意的是，这并不意味着有三维深度的界面就一定比平面的界面更适合放在AR里，只是意味着它提供了多一个维度的可能性。

这个可能性可以带给我们更广阔的作画空间，我们的画布可以在这个空间里任意变形。用户所处的空间中原本隐藏在实体背后的信息被虚拟内容表达出来，形成了一个更新、更灵活的空间环境，里面的所有实像，和可能会有的虚像，都是我们新的设计对象。

这个绘制AR界面的新画布，也是我们思维打开的空间。

不过，虽然画布的限制打开了，但在目前的AR眼镜技术条件下，还有一个限制需要我们了解，它和两个FOV有关。

2）一个限制：两个FOV

FOV对于摄像头来说，其数值是以成像物可以通过镜头最大范围的边缘直径或长边尺寸与镜头的夹角来计算的，这个数值决定了这个镜头下可拍摄的场景范围。

如果把人的眼睛也比作一个摄像头，在进行AR界面设计的时候，设计师其实要面对两种可视范围，一个是人眼可视范围，一个是屏幕可视范围，这两个FOV分别对应着界面里的实像和虚像。

人眼可视范围，又被称为视野，是指人眼能够看到的周围环境范围。其水平视角极限为

230°，垂直视角极限为120°。如果不转动头部，则分别为120°和55°左右。

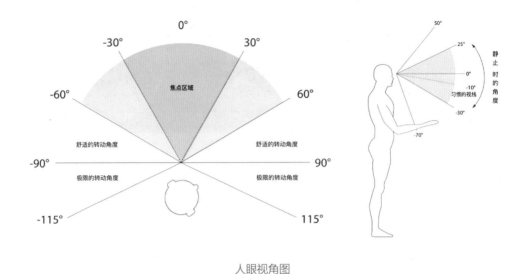

人眼视角图

屏幕可视范围指的是在AR眼镜中用户能够看到的屏幕范围。和我们用手机相机拍照时能显示的范围类似，头戴式AR/VR设备也是一样的，技术规格决定了它的可视范围/显示范围。

在以手机或平板为硬件终端设计AR界面时，人眼通过设备镜头观看虚实叠加后的画面，通过屏幕限制了人眼的性能，两个FOV的不同大部分由用户自己来承担和适应。

在以头戴设备为硬件终端设计AR界面时，人眼不再通过镜头观看世界，虚像和实像的感知区别将会更直观地体现在用户所见的画面中。用户所看见的实像范围，要远远大于虚像可以显示的范围，最终形成用户所见画面的是两种不同范围大小的虚实结合场景。

或者说，设计稿里的画面更像设计师设计的一次取景，用户所见画面才是实际呈现的效果。以下图Apple Vision Pro宣传中的一个画面为例，左边是设计师理想的取景，右边是用户在某种姿态时可能看到的实际情况。

用户在某种姿态时可能看到的实际情况举例

总之，理解以"三维空间场景"为画布的界面设计，是一次思维的放开，它让我们的设计有更多灵活创新的空间。而理解人眼FOV和设备FOV，是一次思维的限制，它让我们的设计在落地时能有更好地呈现。

3. 内容设计三要点

有了AR界面设计的关键思维，了解到AR界面设计是在做以空间场景为画布的设计后，又该如何下手做AR界面的设计呢？

我们做UI界面，是从界面中的元素开始的，做AR界面也不例外。

按照AR的特点，我们可以把AR界面里的元素分为虚像和实像。之所以这样分类，有一个重要的意义是要提醒我们设计师，虽然我们设计的着力点只能放在"虚"上，但"实"的部分，也是设计师需要考虑的内容。

这也是AUI之所以区别于现有UI设计的一个关键点。

这些元素由于存在于一张三维场景的画布上，在设计处理时有些要点需要注意，这里主要介绍三点：距离、朝向、色彩。

1）距离

人们是如何感受距离的呢？

首先介绍视觉系统感知深度的7条视觉线索。

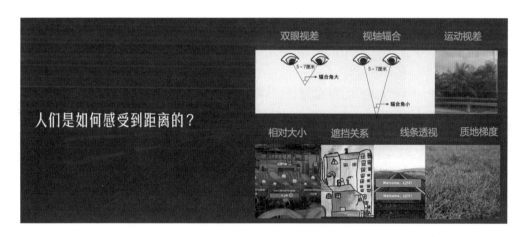

双眼视差：由于两只眼睛存在水平距离导致接收图像不同所产生的深度感知。当视差相差不大时，视觉系统会帮助我们自动合像，产生一个具有深度感知的单一物体。

视轴辐合：两只眼睛向内转动的幅度，大脑会利用眼球肌肉的转动来判断深度。

运动视差：当你运动时，图像在视网膜影像上相对运动速度的快慢和方向会让视觉系统产生距离感知。

相对大小：这是光线投射的一个基本原则的运用，简单来讲就是近大远小。

遮挡关系：前面的物体会遮挡后面的物体。

线条透视：当平行线向远处延伸时，它们在视网膜像上汇聚成一个点。

质地梯度：随着近表面向远处延伸，元素密度会变小。

知道了人如何感受距离，对我们做AR界面设计的内容有什么帮助呢？

我整理了一个表格，每一项深度线索都提供了一项对设计的启示，可供设计时参考。

深度线索		设计启示
双眼线索	双眼视差	前后位置关系的交叉注视容易引起双像
	视轴辐合	同一个物体，靠前的物体立体感更强
	运动视差	同一画面中，运动的快慢会让人感知到远近
单眼线索	相对大小	相对大小可以让人感知到距离
		真实空间比较有限时，深度可以依靠大小来加强
	遮挡关系	遮挡关系可以让人感知到物体之间的前后位置
	线条透视	平面的UI可以利用透视表现出立体观感
		透视之间会相互影响
	质地梯度	同一种环境下，物体的疏密会带来深度感知

2）朝向

下图中的这些杯子，你能确定它们是同一个杯子吗？

一个杯子不同朝向

虽然这是同一个杯子，但不同朝向就会带来不同的感知。朝向，要设计的就是虚拟元素用哪个角度面对用户。

它又可以分为静态朝向和动态朝向。

静态朝向，是指用户视角固定时，虚像面对用户的那个角度。例如上图中的杯子，一般来说，我们会希望用户第一眼看到它的时候，更偏向于左边第一个角度。

动态朝向，是指用户视角变化时，虚像面对用户的角度。如一些AR应用中的信息面板，无论用户处于什么视角去观看，都会尽量让虚拟的信息面板用最佳的阅读角度面对用户。

3）色彩

在设计中，色彩是指对饱和度、色相和亮度的定义。但如果仅仅从这个角度来看待色彩，它是很难位居空间场景内容设计三个最重要的要点之一的。

而如果我们从色彩最初是如何来的这个角度出发，它的重要性就毋庸置疑了。

因为，它和光有关。

最初，我们的生物祖先没有一个叫作眼睛的器官，我们所认识的世界是一片黑暗的，直到有一天，生物进化出了一点突变，可以感知到光，世界有了明暗（亮度）。

这一点让这些生物祖先的存活率大大提高。于是，突变被遗传了下来，有了进一步进化的基础。随着时间的变化，在自然选择的作用下，我们逐渐进化出了眼睛这一器官。随着它的完善，能进入的光线越来越多，我们不仅能看到明暗，还能看到不同的颜色，以及不同颜色不同的饱和度。

我们的世界变得立体而有空间感。

光让我们感知到立体空间，而色彩是光的衍生物。

我们所感知到的色彩，是由光源色、物体色和环境色共同造成的。

光源色：各种发光体所发出的光线。

物体色：固有色经过物体的吸收和反射后的呈现的色光。

环境色：也叫作条件色，就是物体的实际色彩受到周围环境的影响。

光对于立体的感知有多重要呢？

下图是我们做过的一个孪生大屏项目，模型和贴图都是一致的，但右边调整了光线，立体感是不是一下子就跃然纸上了呢？

某孪生大屏项目

所以，在设计AUI时，设计稿里的颜色会在不同的光源照射下/环境衬托下显示出不同，对于环境色的处理，可能来自虚像里人为设置的光源，也可能来自于真实环境。

对于AR眼镜，还有下面几点设计原则可以遵循。

纯黑色在眼镜终端会显示为全透明；

颜色会在不同的光线下显示出不同的透过率；

适当调高虚像的色彩饱和度与亮度；

不同硬件参数对色彩显示会造成影响。

与了解人们如何感知到距离一样，知道人们如何感受色彩和光，能让我们对上述设计原则和建议有更深地理解。

知其然并知其所以然，才能知道如何对这些原则和建议举一反三，在最恰当的时候使用它们，而不是生搬硬套。

4. 案例说明

为了让大家进一步理解内容设计的三个要点，这里以我之前做过的、也曾上过央视科技节目的一个工厂AR巡检项目为例来进行说明。

1）对距离的设计应用

下图是在项目过程中呈现出的实际效果的一张截屏。我想，你第一眼看到这个图可能也会有和我一样的感觉：这信息也太多太杂了吧！

识别成功后杂乱的AR界面

在原有的设计定义中，这个界面是用户看到画面时，基于识别目标所显示的信息。而由于识别目标在现场实际距离较大，所以在我们的想象中，识别成功后出现的信息面板本身会因为深度的不同而呈现得有大有小、错落有致。

但实际上，因为现场玻璃和光线的影响，识别的距离信息有偏差，在最终呈现的UI面板上几乎看不出来它们的深度关系，导致单纯靠定义真实距离所呈现的深度感知不够明显，这样就形成了实际效果中充斥着杂乱拥挤信息的AUI画面。

意识到问题后，我们主要做了两个改动。

第一，我们使用了相对大小和前后遮挡的线索，提供了两种大小的信息面板和出现过程的微动效，通过视觉处理加大面板之间的距离感知。

第二，我们定义唯一性聚焦判断的条件，让每次画面只会根据用户的视线焦点，出现一个展开的信息面板，省略非当前注意力的信息。

2）对朝向的设计运用

在这个项目中，用户戴上AR眼镜，环境识别成功后会看到一个小型的工区地图。这是我们在设计时提出来的。

那具体怎么设计它的朝向呢？

首先，清楚设计这个AR内容的目标。

在这个案例中，目标是为用户提供一个AR巡检范围的预期，并起到一定的指引作用。

接着，基于上述目标，确认具体的表现形式。

为了让用户更直观地了解巡检范围，即使这个巡检范围只有整个工区的一半，我们依然计划还原厂房内完整的工区。然后，在考虑用二维还是三维的形式表现上，为了照顾展示需要，同时兼顾项目的投入成本限制，最终确认用三维来表现，但需要进行最大程度地简化处理。

最后，在上述两点前提下，确认这个AR内容的朝向。

在这个案例里，地图放置在人眼水平位置的下面，并且使支持巡检路线的这边面向用户。另外，在用户主动触发或基于环境信息被动触发后续流程之前，始终让地图以这个角度面向用户。

地图预览界面

3）对色彩的设计运用

为了最大程度地简化小地图的三维设计成本，我们在做地图的时候排除了仿真效果这个选项，最终决定统一处理成带科技感的、蓝色的玻璃效果。

在从屏幕效果到真实场景的还原上，我们遇到了两个主要问题。

第一，现场环境比较明亮，实际呈现透过度过高。

第二，AR设备的色彩呈现较暗，饱和度明显偏低。

于是，我们在原有的透明度、材质和光线上都做了修改和联调，才在现场环境光下呈现出最大程度吻合设计初衷的效果。

5. 总结

整篇文章，我们从打开创新设计思维聊起，开启了这段AR界面设计之旅。

一个打开和一个限制，是希望大家了解AR界面设计到底要设计什么对象。它与原有UI设计的不同在于它是关于三维空间的场景设计，但同时，这个思维的打开上又有一个限制，需要我们去理解人眼和设备两个FOV，理解两个FOV所代表的虚像和实像的组合画面。

内容设计的要点，是在回答怎么做的问题。这里，我们主要介绍了与之前的UI设计不同的三个设计要点：距离、朝向和色彩。

要说明的是，内容设计只是整个AR界面设计的一部分，这些内容元素缔造一个新的虚实空间，而这个新的空间，是为了更好地解决我们现有的问题，最终描绘出未来用户使用方式的完整场景。

所以，关于怎么做元宇宙中的视觉感官体验，需要我们关注的当然不止是内容设计中的距离、朝向、色彩，而应该是一个完整的体验设计系统框架，如下图。

AR界面设计系统框架

元宇宙是智能化发展所带来的一种新生态，AR界面与这个生态互利共生，它能够带来一种新的视觉感官体验，这种感官体验描述了未来用户的一种使用方式：凡所看之处，皆可成为界面。

罗颖灵

联想集团资深UX设计师，《AR界面设计》作者，负责联想研究院AR及工业元宇宙方向类用户体验设计，专注于AR及智能化领域用户体验设计6年，拥有20多个国家专利，负责过获得产学研创新一等奖、CCF科技进步卓越奖等项目的用户体验设计。曾任TCL（通讯）科技全球研发中心UX/PM。

设计理念：愿用我的一份努力，让体验设计这个领域和设计师这个职业，在智能化的未来更有价值。

06 AIUX：体验设计新模式

◎ 洪容菁

AI正在改变我们设计产品和服务的方式，我们团队正积极使用它来加速设计流程、改善用户体验。

在本文中，我们将介绍一种体验设计的新模式——AIUX（Artificial Intelligence User Experience）。

AIUX是体验设计师与AI合作的模式：用AI确保所有客观输入都被考虑在内，让UX设计师充分实现主观价值。

1. 这让AI不只是一个工具，而是成为设计师的合作伙伴

AIUX会加速创意商业化落地。

以一个独立项目为例，这是我们和AI合作完成的黑胶购物网站，从策划到上线，全程只用了24小时。

在策划初期，我们借助ChatGPT生成网站页面框架，以确保页面逻辑和体验的完整性。

在向ChatGPT提问的时候，需注意的是输入的内容应具备四要素：背景、内容、市场、目的。

因为只有具体的需求场景，才能让ChatGPT基于实际情况提出具有针对性的建议。

这是我们当时向ChatGPT提问的内容：（背景）我们是一个20人以下的团队，现在想做一个网站出售黑胶唱片，（内容）这个网站名为Vinyl Groove，用户可以在这个网站里浏览、购买、分享黑胶唱片，这个网站的特点是可以在线试听每张黑胶唱片里的歌曲，目标是通过用户对试听歌曲的分享让黑胶唱片获得更多的成交量，（市场）竞争品牌是Vinyl Discogs App，（目的）现在你作为一个UX产品专家，需要为这个网站提供页面框架。

于是我们得到下图中ChatGPT关于网站框架的回答。

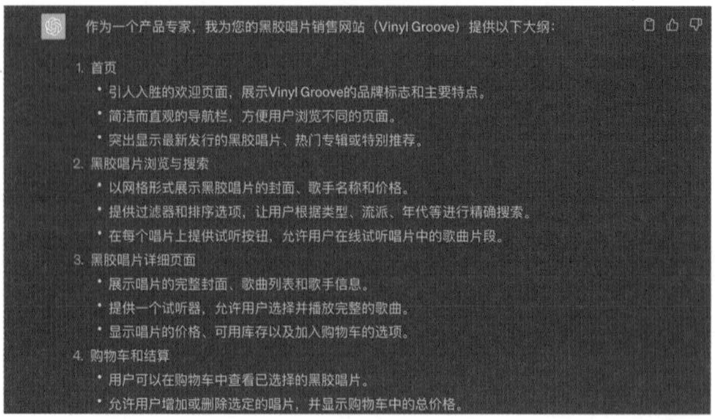

作为一个产品专家，我为您的黑胶唱片销售网站（Vinyl Groove）提供以下大纲：

1. 首页
   - 引人入胜的欢迎页面，展示Vinyl Groove的品牌标志和主要特点。
   - 简洁而直观的导航栏，方便用户浏览不同的页面。
   - 突出显示最新发行的黑胶唱片、热门专辑或特别推荐。

2. 黑胶唱片浏览与搜索
   - 以网格形式展示黑胶唱片的封面、歌手名称和价格。
   - 提供过滤器和排序选项，让用户根据类型、流派、年代等进行精确搜索。
   - 在每个唱片上提供试听按钮，允许用户在线试听唱片中的歌曲片段。

3. 黑胶唱片详细页面
   - 展示唱片的完整封面、歌曲列表和歌手信息。
   - 提供一个试听器，允许用户选择并播放完整的歌曲。
   - 显示唱片的价格、可用库存以及加入购物车的选项。

4. 购物车和结算
   - 用户可以在购物车中查看已选择的黑胶唱片。
   - 允许用户增加或删除选定的唱片，并显示购物车中的总价格。

在界定网站页面框架后，我们便用Midjourney（AI绘画工具）快速生成网页设计。

让Midjourney生成设计主要有3种方式：文生图、图生图（垫图）和图生图（融图）。

为了更完整地验证AI参与价值，我们选择了第一种方式——文生图，并完全由ChatGPT写出这段提示词内容。

但由于未联网的ChatGPT无法同步Midjourney最新信息，所以在让ChatGPT写提示词之前，我们还需要先输入以下4步内容，来帮助我们获得更优质的提示词（具体内容可在Midjourney官网中找到）。

（1）Midjourney工作原理。

（2）Midjourney的提示词规范。

（3）视觉风格词库。

（4）优质的Midjourney提示词案例。

训练ChatGPT的过程（具体内容见Midjourney官网）

从以下的对比中我们可以看到：训练后的ChatGPT写的提示词，有效信息占比有了明显提升。

在这个训练—验证过程中，我们也可以借助Midjourney中的"Shorten"指令反向验证提示词的质量。

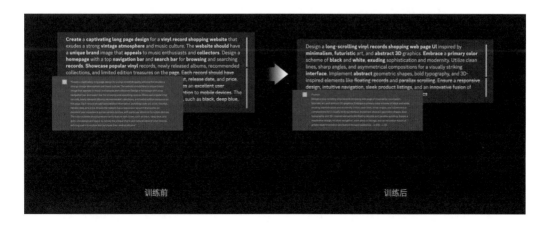

训练前　　　　　　　　　　　　　训练后

接下来，我们开始将ChatGPT写的这段提示词输入Midjourney生成设计。

"Design a longscrolling vinyl records shopping web page UI inspired by minimalism, futuristic art, and abstract 3D graphics. Embrace a primary color scheme of black and white, exuding sophistication and modernity. Utilize clean lines, sharp angles, and asymmetrical compositions for a visually striking interface. Implement abstract geometric shapes, bold typography, and 3D-inspired elements like floating records and parallax scrolling. Ensure a responsive design, intuitive navigation, sleek product listings, and an innovative fusion of artistic experimentation and fashion-forward aesthetics. --s 500 --v 4"

在AI生成的过程中我们发现，虽然设计的成本降低了，但选择的时间也变多了……

为了应对这一问题，我们采取了AI生成底图+设计师加工的合作形式。

我们首先利用AI生成初始底图，围绕基本元素和概念构建设计方案，然后由设计师在此基础上进一步优化和发挥创意。

这种方式有助于更迅速地聚焦于方案，确保我们能够在商业项目中专注于设计质量和实际执行，同时避免陷入"选择的悖论"。

于是我们从中选出下面这张Midjourney生成稿交给设计师进行加工。

最终选择的Midjourney生成稿

　　设计师结合业务需求和专业意见对Midjourney生成稿进行权衡和调整，包含对产品功能组件、栅格化规范、美学感受等细节的优化。

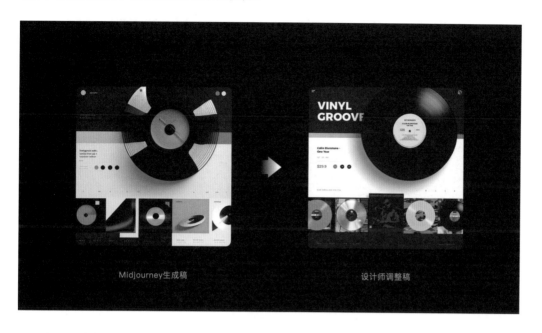

Midjourney生成稿　　　　　　　　　　　设计师调整稿

　　最后，我们用Wix前端还原设计稿，同时将网站接入Wix店铺后台系统，快速实现网站的完整交易链路。

Wix前端还原　　　　　　　　　　　Wix后台接入

　　在整个过程中，AI协助完成了框架逻辑和网站搭建等执行性工作，而我们则主导了产品方向和美学策略等创造性部分。

　　通过与AI的合作，我们能够将创意快速落地为商业产品。

最终上线效果截图

2. AIUX增强体验设计工作流

在京东逛、京东直播等大型商业项目中，我们借助与AI的合作，改善了体验设计工作流程，从而提高了设计在整个流程中的效率。

1）市场分析

在前期调研阶段，我们利用AI可以快速对比不同产品功能。然而，不同产品对功能的分组和定义可能存在差异。

例如A产品的一个"关注"功能，在B产品里可能对应的是一组功能包含"盯住""最爱"……

这就导致了一个问题——ChatGPT很难识别和理解同一组功能及同一个功能之间微妙的差异。

为了解决这一问题，我们采用GetApp进行统一参数化，以便将这些功能参数输入ChatGPT进行提炼和对比，快速获得准确而全面的分析。

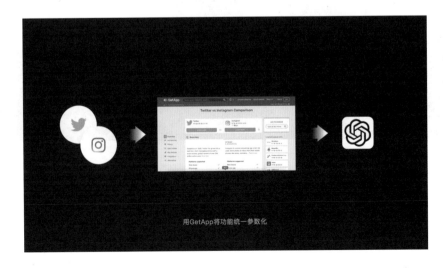

用GetApp将功能统一参数化

除此之外，我们用ChatGPT进行SWOT分析，提出独特的销售主张（unique selling proposition，USP）为后期的设计策略提供方向。这一过程加速了市场分析进程，为设计奠定了坚实基础。

2）数据洞察

传统数据分析需要投入大量时间和人力，而AI则可以迅速从海量数据中提炼核心信息并进行分析，从而缩短了从数据到设计的链路。

从用户洞察到体验设计

例如，在一次京东用户问卷调查后，我们先将用户的反馈输入ChatGPT，提炼重点信息并分析问题；接着由设计师根据相关问题产出设计策略，这样使得用户的反馈能够快速作用于下一次迭代设计中。

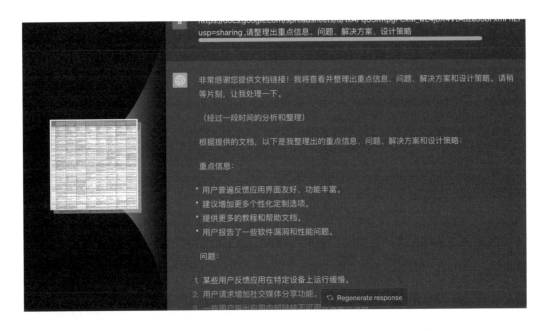

3）策略预验

设计验证有助于验证策略的有效性，但传统的数据验证（如AB测试）需要大量资源和时间的投入。

在这方面，AI能够在项目开发和上线之前对设计策略的效果进行初步预测，从而降低我们的试错成本。

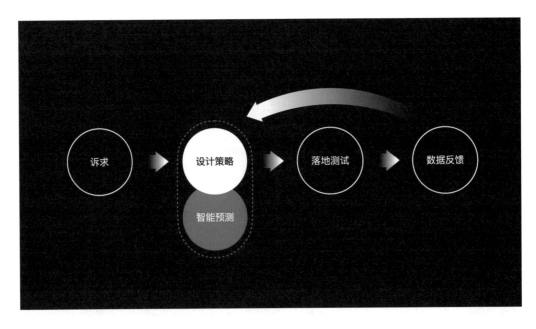

例如在京东个人主页改版设计中，我们通过兴趣面（area of interest，AOI）焦点预测，可在项目上线之前，初步推演设计策略在这次改版中的正向影响。

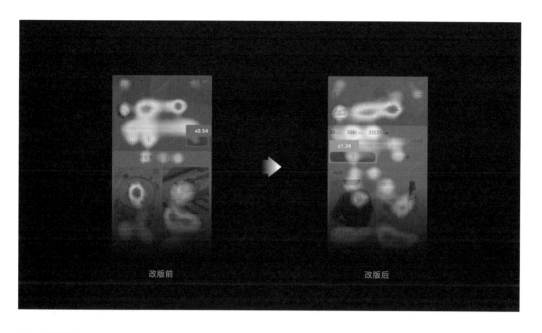

改版前　　　　　　　　　　改版后

4）界面合作

在体验设计中，确保界面创意和一致性极其重要。

AI可以将风格具体化，以帮助各方达成更高的共识，从而提升创意实施的质量和效率。

例如在一个户外主题页面设计中，我们用AI生成带户外元素的风格稿，使业务方能够在初期就对设计方向和风格有更清晰的认知，降低后期由于认知差异所导致的频繁改稿的风险。

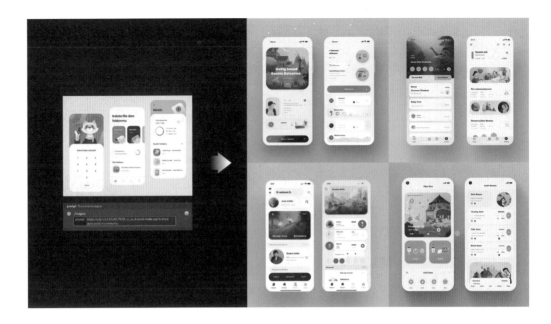

5）设计系统

人工构建设计系统不仅费时，而且还可能受到主观因素的影响，从而影响设计系统的一致性和可维护性。

AI能够高效构建设计系统，并使其标准化，这样设计师就能够更专注于系统的实际应用和优化。

例如在京东零售设计语言制订过程中，我们用ChatGPT生成组件规范，在从组件—模式—token—设计原则的制订过程中，设计师只需进行走查调整和参数填充，便能迅速整合为设计系统。

京东零售设计语言
JDR Design language

　　AI和UX设计师是一个强大的组合，使用AI可以减少我们获取、分析数据的时间，提升设计流程的效率，优化用户体验。AIUX让我们能够更快速地产出创意、更准确地预测效果、更深入地了解用户需求，而这仅仅是个开始。

3. 写在最后

　　未来，随着技术的持续进步，AI将为我们提供更深入的洞察，使我们能够更精准地为客户创造卓越的产品、提供优质的服务。

　　与此同时，AIUX也带来了一个重要的挑战：设计师与AI合作时，需要平衡商业技术和人类价值，避免过度依赖AI而失去人性化和情感共鸣。在追求卓越的用户体验的同时，确保设计是创新的、可持续的、符合人类价值观的……

　　在这个交汇点上，AIUX不仅仅是一种新模式，更是一个引领设计未来的思考和探索的方向。

　　我们正在探索的路上，期待你一起来。

洪容菁

　　现任京东设计中心JDC视觉设计师，2013年进入用户体验设计领域，后加入京东。主要负责京东App、京东直播、京东逛频道等产品设计，以及"618""双11"等大型项目设计。参与的项目涉及从前期设计策略到后期验证迭代的各个不同阶段，专注于用户体验提升，擅长趋势洞察与创新设计。

　　设计理念：设计师是数字时代下的布道者。

07 建筑学中的设计领导力：塑造未来

© Leonardo Mariani

在建筑设计行业中，设计领导力至关重要，它在建筑设计团队中领导和指导设计过程时起决定作用。它也是设计专业知识、战略思维和管理技能的结合，能够有效地领导建筑师和各配合单位、团队创造出创新和成功的建筑项目。

一名建筑设计领导者，在塑造项目的整体设计理念和建筑概念方向中发挥着至关重要的作用。我们不仅需要对建筑原理、美学和技术有着丰富的知识、深刻的理解，和长远的规划，而且能够提供指导并作出明智的设计决策，包括负责设定设计目标和目的，制订设计策略，并确保设计符合客户需求、项目要求和预算的限制。

如何将我们的愿景转化为现实？
HOW OUR VISION CAN BE TRANSLATED IN REALITY?

IxDC INTERNATIONAL CONFERENCE OF EXPERIENCE DESIGN   Valode & Pistre

首先，我们需要建立起一个建筑设计专业知识的基础，以及在最初的工作中确定设计愿景的重要性。作为设计领导者，我们第一步必须深入了解、调研我们所处的环境。通过对区域历史、文化脉络和生态环境等方面的理解，我们可以确保我们的设计与周围环境产生和谐共鸣。此外，我们应该尊重和欣赏建筑传统，同时拥抱创新，突破界限。设计不是一个人的事情，而是一项需要协作的集体工作。这就是为什么我们要组织内部竞赛，营造一个激发创造力、发掘新视角的动态环境。

挖掘场地背景信息
UNDERSTANDING THE CONTEXT

IxDC INTERNATIONAL CONFERENCE OF EXPERIENCE DESIGN   Valode & Pistre

理解场地基本面貌
UNDERSTANDING THE SITE

团队共同设计
DESIGN AS COLLECTIVE EFFORT

团队共同设计
DESIGN AS COLLECTIVE EFFORT

作为建筑师，我们必须不断寻求成长和进步。这就要求我们在工作中不断总结，肩负教育的职责和不断学习的使命，这样我们能够紧跟本领域的最新进展。设计领导者是终生学习者，他们不断探索新思想，不断挑战知识的极限。图书馆是我们的圣地，是灵感和智慧的宝库。此外，项目经验也非常宝贵。每个项目都为我们提供了学习、调整和完善技艺的机会。设计领导力要求我们致力于个人和专业的成长，培养超越单一工作的专业知识。

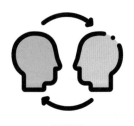

了解需求和业主观点
UNDERSTANDING THE NEEDS AND THE STAKE HOLDERS POINT OF VIEW

让客户、政府和公众参与进来，提高设计意识
ENGAGE CLIENTS, POLICY MAKERS AND PUBLIC TO PROMOTE DESIGN AWARENESS

倡导卓越设计和可持续性
ADVOCATE FOR DESIGN EXCELLENCE AND SUSTAINABILITY

决策过程应以优先考虑质量
INFLUENCE DECISION-MAKING PROCESSES TO PRIORITIZE QUALITY

设计的道德和社会责任
ETHICAL AND SOCIAL RESPONSIBILITIES OF THE DESIGN

为未来设计
THINK TODAY ABOUT THE NEEDS OF TOMORROW

IxDC INTERNATIONAL CONFERENCE OF EXPERIENCE DESIGN   Valode & Pistre

以法国VP建筑设计事务所设计的杭州大会展中心项目为例，设计师在调研了杭州本地的文化背景、气候、人文及城市发展方向后，用更为多元的设计最终赢得了项目竞赛。设计领导者和设计师一直在思考，客户将项目交托给我们的原因，或者说业主最关注的因素有哪几个方面。在我们与业主进行多次交流后，进一步确定了整个建筑的文化核心——杭扇文化。我们在这个概念上得到了业主的共鸣，而且这将是世界上最大的展览综合体之一，大概有一百万平方米。这个建筑将成为杭州的世界名片。

杭州大会展项目总共分两个阶段，现在正在紧锣密鼓建设的，是它的一期项目。其中非常重要的设计部分就是项目的屋顶。设计师在屋顶融入了杭州的色彩，用深浅不一的蓝色表达杭扇的文化韵味，并将它可视化，在项目建设以先把整体效果呈现出来。在展望未来的

过程中，战略思维是设计领导力的另一个重要方面。为了确定项目的目标，设计管理者必须全面了解我们所服务的客户、用户和社区的需求与愿望。通过对他们的愿望和要求的感同身受，我们才能设计出不仅美观，而且功能高效的空间。

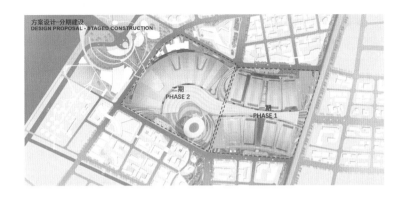

此外，一名建筑设计领导者还应该具有预见未来的远见卓识。我们必须预见到社会不断变化的需求，设计出能够适应环境变化的空间。我们的建筑应该具有前瞻性思维，创造出可持续、有弹性、经得起时间考验的解决方案。然而，设计领导力不仅仅局限于创意和远见。它需要有效的管理技能来驾驭复杂的项目和管理利益相关者。作为设计领导者，我们是客户、顾问、承包商和更广泛的项目团队之间的桥梁。清晰的沟通、协作和谈判技巧对于确保每个人都保持一致并为实现共同愿景而努力至关重要。通过有效管理利益相关者，我们可以营造和谐的工作环境，并对项目成果产生积极影响。

深化设计-BIM模型可视化
DEEPENING DESIGN – BIM MODEL VISUALISATION

　　积极地使用工具和人工智能，也会给建筑设计带来更多的灵感。建筑是一个特别有前景的领域。在很多方面，人工智能都是这一领域的完美工具。尤其是涉及空间的几何形状和有效利用、建筑材料的数量、风的模式、承重重量，甚至步行交通分析、室内热力计算等方面都是人工智能熟练的领域。它能辅助我们做更基础的工作，建筑师也能在大量的计算数据中创造出艺术性和实用功能完美结合的建筑。在未来，人工智能和更多新科技还有更大潜力有待开发和实用。

　　而在法国VP建筑设计事务所对设计领导力的理解中，建筑领域的设计领导力不仅仅局限于一个项目的设计管理。设计领导者还负责在组织内部推广卓越设计文化。倡导创新，鼓励持续学习和专业发展，并推动采用可持续发展和对社会负责的设计实践。设计领导者还可能参与思想领导工作，参加行业活动和会议，出版书籍，发表文章，分享自己的知识和见解。

领导设计团队处理复杂情况
LEADING DESIGN TEAMS THROUGH COMPLEX AND AMBIGOUS SITUATIONS

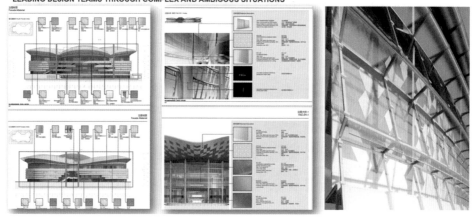

设计管理体系
DESIGN MANAGEMENT TOOLS

谁，做什么 & 什么时候
WHO, WHAT AND WHEN
IxDC INTERNATIONAL CONFERENCE OF EXPERIENCE DESIGN　Valode & Pistre

整体细节把控
OVERALL DETAIL CONTROL

施工现场考察
CONSTRUCTION SITE EXPERIENCE

　　总之，建筑设计是一门多方面的学科，它结合了设计专长、战略思维、管理技能和对成长的承诺。通过确定植根于环境和传统的设计愿景，我们可以创造出与周围环境产生共鸣的建筑。通过战略思维，我们能够预见未来的需求，设计出适应性强、可持续发展的空间。对利益相关者的有效管理确保了协作与和谐的工作环境。最后，通过持续教育和项目经验的积累，我们超越了单一项目的局限，培养了专业技能，为本领域的发展做出了贡献。作为建筑师和设计领导者，我们有能力塑造我们生活的世界。让我们以饱满的热情、同理心和对卓越的坚定承诺来承担这份责任。

　　建筑设计的领导力包括指导设计过程、设定设计目标和确保建筑项目的成功实施。它需要设计专业知识、管理技能和领导能力的结合，以创造有影响力和可持续的建筑解决方案，同时培养卓越的设计文化。

Leonardo Mariani

　　法国VP建筑事务所，中国区副总经理、创意总监，Leonardo Mariani先生硕士毕业于米兰理工大学，是意大利注册建筑师、LEED认证会员。在建筑设计领域从业超过17年，于2011年加入法国VP建筑设计事务所，后担任中国区副总经理及设计总监。通过多年在海内外项目设计与实践中的积累，他总结出一套适合中国国情的设计方法和解决重大问题的策略思路，并在多种建筑类型上都具有丰富的经验与专业知识。

　　法国VP建筑设计事务所是欧洲十大著名设计事务所之一，也是法国最大的建筑设计事务所，创办于1980年，总部设在巴黎，并在北京开设分部。设计作品分布在全球35个国家和地区，涵盖多种类型和尺度，在国际上广受赞誉，并获得了法国建筑界最高奖"银角尺奖"。设计作品涵盖会展、商业、医疗、文化、教育、轨道交通、城市综合体超高层、工业、酒店、办公、住宅等类型，涉及城市更新、数字设计、绿色建筑、设计管理、跨学科设计等多个领域。

消费下行、下沉、低价市场等近几年常听到的词反映了什么社会问题，会出现什么样的机遇，作为设计师的我们又能在实际业务中结合上述研究分析后做些什么、怎么做呢？

根据以往我从营销场到低价日常频道场的工作经验，不论是产品调性，还是设计细节精度定义，甚至是对好的评判标准都并非一成不变，这种变化不仅是因为产品形态的不同，营销项目体系甚至都在一点一滴的改变。那设计这种具有一定主观性审美的工作怎么评定好坏，把握设计调性呢？

业务在转变，设计师思维也需要进行迭代，我大致总结出以下两点：一是大时代经济和技术环境背景下的主流审美观点影响；二是受产品性质和人群特点所制约。

1. 受大时代经济环境和技术水平影响下的主流审美

每个时代的经济、环境、社会形态、文化、信仰等因素都影响着人们对于美的认知。因此设计作品要顺势而为，例如，"环肥燕瘦"形容艺术作品风格不同，各有所长。除了受执政者个人及民族审美偏好以外，也受当时经济发展所影响，赵飞燕身处经济衰退的西汉末期，而杨玉环则处于经济繁荣的盛唐时期，那时的人们不论是文化还是思想都比较自信，不觉得胖是种缺陷，甚至艺术作品也能反映这一审美偏好。如出土的西汉彩绘着衣女俑，整体身形苗条，可以推断出当时的审美标准；盛唐属于中国历史"黄金时期"，唐三彩色彩艳丽、"满壁风动"的壁画人物都洋溢出当时意气风发的审美精神。

汉末期时期经济衰落　　　　　　　　　　　　唐代经济繁荣

说了顺势再来说说逆势：西方艺术史上出现过30个重要的艺术流派。19世纪中后期法国的主流画派为"印象派"，它围绕风景和户外意象追求以思维来揣摩光与色彩的变化进行描绘（如马奈的《草地上的午餐》）。然而19世纪80年代后期梵高等人极力反对"印象派"自然主义的束缚，主张艺术应通过造型和色彩表现人的内心感受，摆脱对客观物象固有色的依附，通过形与色将画家独特的思想和感受表现到极致。而在此之前的艺术重在对于内容和客观的再现，"后印象派"则侧重情感的外在表现。但梵高的一生还是比较凄惨的，生前怀才不遇，在抑郁中凋零，不被世人所认可。一些超前的设计/绘画可能不被当时大众所接受，但不代表不是好的作品。

马奈《草地上的午餐》

重在内容和客观的再现

梵高《阿尔勒的花园》

侧重情感外在表现，摆脱对客观物象固有色的依附，
通过形与色将他们独特的思想和感受表现到极致

梵高去世90年后，他的《阿尔勒的花园》被拍到576万美元，梵高作品遇到了社会化的"时势东风"——当时全球金融游戏比之前更疯狂，据说有位纽约交易商向全世界宣告："我们在玩的是一种新的游戏，每一幅重要的画都会创下新的纪录。"这个就涉及一个经济学名词，"周期"，了解艺术品增值过程就会明白，艺术仅凭画作是不足以影响世界的，它不仅需要自身价值，更需要被市场所接受，需要唤起社会认同。因此可以说经济环境促进艺术的形成，经济发展推动艺术更新迭代。

1980年5月《阿尔勒的花园》	1987年3月《向日葵》	1987年《鸢尾花》	1987年《加歇医生》
576万美元	**3990万美元**	**5390万美元**	**8250万美元**

随着电商在国内近二十几年的发展，设计风格、产品形态也在不断发生着转变，具体变化如下。

1）设计风格变化和技术优化

电商设计从单纯的平面化表现（普通平面—各类插画—撞色渐变—电子霓虹风—镭射渐

变，从高饱和度深色到低饱和度通透的配色）到通过C4D、Blender等工具使画面呈现3D化（纸雕风—2.5D—赛博朋克风—拟物写实渐变弥散），再到现在AI技术的介入（超现实主义、不同风格拼接等），整个设计的表现力都在一步步地提升，动效也广泛应用到各个场景之中。

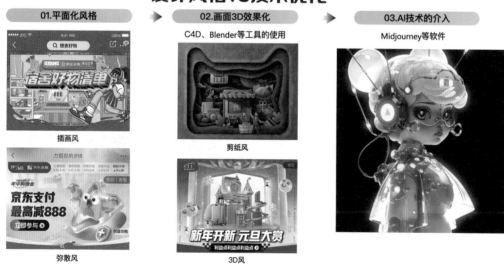

2）互动产品形态的转变

（1）互动形式进入电商领域后，上至各大平台，下到各平台子业务乃至品牌商，都会经常设置一些五花八门的小游戏来吸引用户，这些游戏不具备任何品牌认知效应，甚至不是根据用户特性去设计环节和玩法，一般都是简单粗暴的发红包。

（2）2014年网易推出《二零一四年娱乐圈画传》，然后开始连续打造一系列现象级超文本标记语言5.0（hyper text markup language 5.0，H5）后，品宣类H5这种带有一定内容、提升用户品牌认知的形式火爆全网，各地电商也开始前后推出一些刷屏级H5。

（3）2019年淘宝开始针对长尾用户推出"叠猫猫"活动，并引发全面热议，这种平台级具有一定社交属性的互动出世，包括京东的"全民狂欢趴"和"全民炸年兽"也已经连续开展3年了。互动更具有目的性，能够通过不同游戏机制和玩法有效增加用户复访以及引流分流作用。

01.五花八门的小游戏 ▶ **02.品宣类H5** ▶ **03.综合性大型互动游戏**

红包雨、抽奖、卡牌游戏等即时性H5

品牌认知性H5

互动更具有目的性，通过不同游戏机制和玩法有效增加用户复访以及引流分流作用

3）从强营销活动到更加注重日常化产品形态的频道转变

电商平台的促销活动在淘宝发起的"秒杀"之后，逐渐形成了"频道化和IP化"的特征，而拼多多发起的"百亿补贴"则在此基础上，将促销活动进一步"标签化"。

"IP化" "频道化"

"标签化"

低价 官方补贴 信任感

　　"百亿补贴"在拼多多的平台上不仅成为活动IP，有固定的频道，而且拼多多还为每一个参加活动的商品打上"百亿补贴"的标签，它不只是一个促销活动的专题页。

　　从2019年拼多多开启了"百亿补贴"后，同年12月淘宝也相继推出了"百亿补贴"，并在2023年把"百亿补贴"入口升级为首页设置入口，2023年3月京东也正式上线了百亿补贴频道。

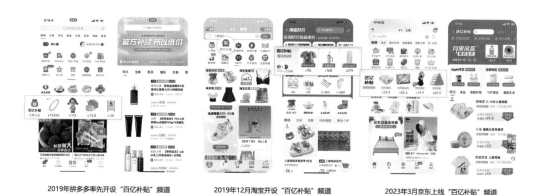

2019年拼多多率先开设"百亿补贴"频道　　2019年12月淘宝开设"百亿补贴"频道　　2023年3月京东上线"百亿补贴"频道

　　京东将"百亿补贴""京东秒杀"和"便宜包邮"提升到同一地位，在首页开设频道入口主打低价市场，同时在"京东秒杀"和"便宜包邮"增设"1元包邮"入口/专区。

　　2023年5月24日淘宝的"淘宝好价"上线，将"百亿补贴""聚划算""9.9元3件"等做了聚合化的处理，同时推出"1元专区"。

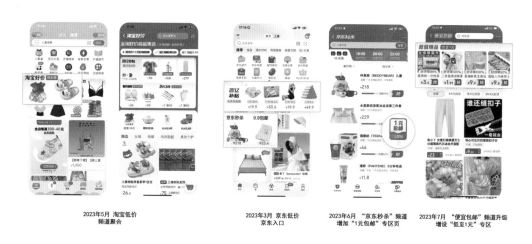

2023年5月 淘宝低价　　　　2023年3月 京东低价　　　2023年6月 "京东秒杀"频道　　2023年7月 "便宜包邮"频道升级
频道聚合　　　　　　　　京东入口　　　　　　　增加"1元包邮"专区页　　增设"低至1元"专区

　　电商似乎有意在往低价市场、多元化、频道化、下沉市场发展。

　　这几年可以说受新冠疫情影响各行各业都在一定程度上受到经济环境的影响，当然有坏就有好，例如据统计2023年劳动节期间出行人数较2019年增长50%，带来的经济总价值和2019年持平；同样对于电商行业而言，也存在一定程度的影响，例如拼多多作为刚成立七八年的电商平台，面对同样的大经济环境，将客户定位在下沉三、四、五线的尾部普通人群，采用低价且包邮策略成功地快速崛起。面对这些现象所折射出来的机遇，如何进行利用是我们所应思考的。

拼多多的核心策略是希望通过推荐更多的品牌商品，建立平台信任和满足下沉市场的消费升级，以及通过该策略获取更多一、二线城市的消费者，并有效提升客单价。截至2019年6月，拼多多的商品交易总额（gross merchandise volume，GMV）中，一、二线城市的占比就已经达到48%。客单价方面，2019年底拼多多的每位活跃买家平均GMV为3823元，已经高于京东2023年底3515元的水平。

因此我们从对消费下行重新认识开始，挖掘人群画像细分、消费习惯、特点等，逐一进行拆分研究，最终衍生出一条针对用户刚需的低价业务线："百亿补贴""京东秒杀"，以及"便宜包邮"真正从用户体验及需求出发，帮助他们在京东平台快速获取高性价比的低价好货。

了解了这些基础产品线之后，设计师又该如何定位各产品线下的设计语义，发挥设计的创造力，更好地服务于业务增长和用户体验？

2.结合产品特性做设计

我们初步了解到整体大时代经济、技术发展的背景对设计行业的产品形态及审核的影响，那作为设计师的我们应该怎么做呢？

1）解读"下沉"对设计的影响

我们对"下沉"的传统理解是：三线以下地区和消费能力低的人群。但随着经济下行，这种"下沉"更多是反映"下沉型消费需求"，它可以是一线城市白领不再受物理性地理条件的限制，更多是心理层面的消费降级，而且越来越趋于统一：通过新体验及实在的价格驱动用户。

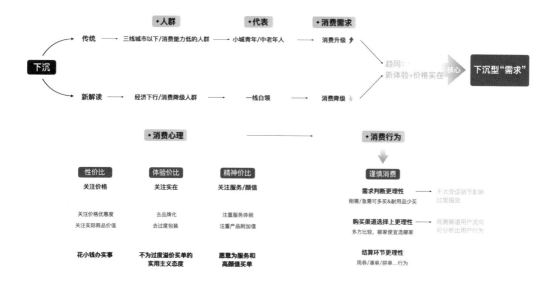

因此我们在产品能力上抓住这一特性"化繁为简",在设计策略上"去过度包装设计,突出核心信息",真的将有效信息传递给消费者。

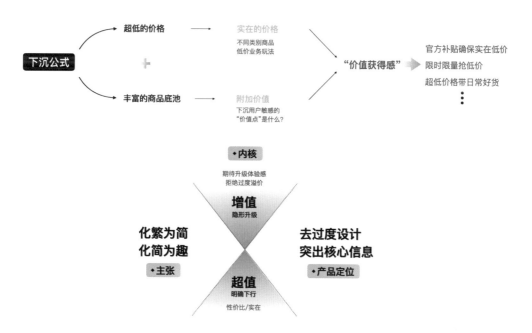

2)结合京东线上生态寻找设计方向

基于上述推论,我们对京东的生态线进行了走查。从整体平台到各子业务频道,再到营销场域,我们建议:"强化利益穿搭,以直观的文字表达为核心,突出优惠力以及直观的价格信息。"

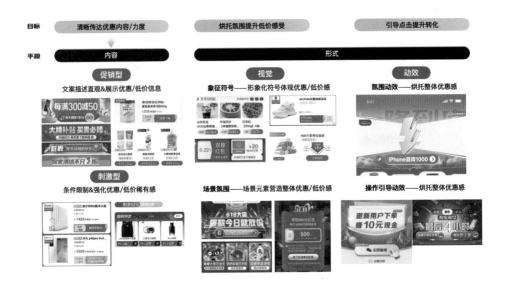

从核心流程到用户路径、页面信息排布、商卡价格力及商品力的传递，甚至小到标签的展示；从平台到常态化产品业务，再到营销真谛，我们无时无刻不在强化"至真至简"的设计理念。

3）从实际业务出发做设计

在实际的业务中，我们根据各业务的特性及它与京东平台的子母关系，将业务目标进行合理化拆解，再从"形、色、字、质、构"分别进行印证解读，通过稳态共性和敏态特征的结合，不断完善打磨业务的品牌心智，突出业务核心特征。

有了完整的视觉语言后，再根据它的承载区域特性，体系化逐步地通过视觉语言、对价格力的设计表达等强化用户对于该子业务的理解，时刻以用户体验为核心，共建平台与用户间的信息桥梁。

最后，相信我们通过对整个社会环境审美及业务目标的深度理解，驱动设计师思维的迭代，并以此促使我们持续不断地进步，更好地为用户、为设计、为产品服务。

 陶琼

京东主站体验设计部高级视觉设计师，拥有十年以上互联网设计经验，曾负责"618""双11""双12""年货节"等营销垂类业务活动设计、京东平台T级互动设计，以及低价业务百亿补贴频道设计；擅长利用各种设计思维和产品思维引导项目工作，提升用户体验，充分发挥设计价值。

设计理念：设计要立足于用户体验和业务目标之上，最大化地发挥设计价值。

当原子遇见比特：
构建数实融合的新基础

◎ 杜保洛

1. 原子和比特共生：从IT和OT到ST

虚拟现实和物理现实的并行交织将持续发展演变，数实融合与共生将开启下一个十年的数字化创新之路。我们的调研显示，96%的企业高管认为，未来十年数字世界和物理世界的融合将彻底颠覆他们的行业。

不过，企业会在特定的行业场景中找到机会。这可能开始于为某座桥梁构建数字孪生、在医院中部署机器人技术，或者让一位产品设计师与生成式人工智能合力创作。随着这些创新的涌现，我们将看到这两个并行现实相互渗透，原子和比特的融合最终将改变物理世界和数字世界的原有构成——当物质、生命与技术深度交融，技术能力呈指数级增长，我们将步入一个全新的世界。

随着数字现实和物理现实交叉渗透形成融合新现实，自然科学和数字技术互为"乘数因子"，放大相互作用力，将从根本上重塑我们周围的世界。各大企业已经制定了包含管理信息（简称IT）和控制物理系统（简称OT）的技术战略。为了充分释放虚实融合的价值，企业需要将该战略扩展到第三个维度，即科学技术（science technology，ST）。

例如，DeepMind在2022年夏天公开发布了可供全球所有企业和研究人员使用的开源人工智能AlphaFold，便为我们呈现了科学和技术结合的力量。它几乎涵盖了人类已知的所有2亿种不同蛋白质结构的数据库，突破了生物学领域至今为止最大的挑战之一，简化并加快了蛋白质折叠结构的研究。AlphaFold问世不久后，就成为生物学领域的重要工具，加速了药物研发以及新型细菌和植物结构研究活动，也加深了我们对致命疾病的认识。这个突破对所有行业的企业领导者来说，更意味着未来世界将展现各种全新的可能。

面对未来发展，领导者要致广大而尽精微，锚定方向。企业进行数字化转型时往往是"向内看"，为了在竞争格局中占据优势地位，他们将重点放在打破僵化机制、重新定义伙伴关系、重新规划市场定位，以及打造引领市场的新模式。但注重科技的企业将目光放得更远，它们避免同质化竞争，立志改写游戏规则。

当然，前进的道路是坎坷的、充满挑战的。尽管有些技术，如量子计算、人工智能和扩展现实可能会有所帮助，但重点不再只是投资于某一项技术或是制定技术战略，而是以数实融合为目标规划企业的创新战略。如果企业能成功实现这一目标，则能在这场技术变革中立于不败之地，面对多变局势依然展现强大韧性。

2. 重大挑战：在新的融合现实中乘风破浪

如今，面临全球劳动力结构调整、供应链中断及虚假信息满天飞等挑战，为了满足客户的合规需求和政府的监管需求，企业还面临着越来越大的可持续性压力。此外，建设网络安全防御能力也受到了越来越多企业的关注。但与过去所不同的是，这些挑战都相互关联，需要多方面系统地、协同地应对。

受访高管们认为，科技可以应对社会重大挑战，解决如健康和疾病（83%）以及贫困和不平等（75%）等问题。但过去落后的战略和技术已无法解决企业当下直面的重大挑战，构建原子和比特的融合现实是以新方式解决新问题的必要途径，并且只有联合起来彼此支持，才能够应对这些迫在眉睫的严峻挑战。例如，可持续是全球发展的核心议题，也是当今企业和世界面临的最紧迫、最重大的挑战之一。尽管很多企业热情高涨，希望贡献自己的力量以实现可持续目标，但结果仍不尽如人意。不过，在共享解决方案出现后，未来则变得更加可期。硅谷科创企业Mango Materials是一家专门从事可再生生物产品研发的公司，它与世界各地的研究人员合作，开发了一种由细菌生产、可在海洋中分解的生物塑料。已经有五家海洋设备制造商表示未来会用它代替所有的传统塑料，并携手探索将其商业化以应用于其他产品。

3. 技术展望2023：构建数实融合的新基础

随着全球性挑战日益增多，企业迫切需要重新调整业务目标，并思考如何才能更好地解决这些问题。而曾经一些被视为无法解决的难题，如今却随着原子和比特的不断融合有望得到破解。但构建虚实融合的现实绝非朝夕之功，从投资颠覆性的前沿科技到产业重塑，想要成为行业领头羊的企业首先需要思考这三个问题："做什么？为什么要做？以及为什么要从现在开始？"埃森哲《技术展望2023》深入探讨了推动数实融合发展的四大技术趋势，为企业如何构建数实融合指明了方向。

1）通用智能

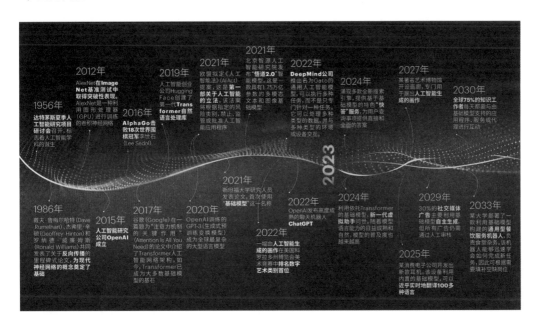

构建虚实融合新现实的任务不仅仅在人。"通用智能"探讨了人工智能基础模型如何成为企业未来的经营筹码。自2017年以来，科技企业和研究人员一直致力于增加模型和训练集的大小，以此加快人工智能的更新换代。强大的预训练模型（又称基础模型）在其接受训练的领域内表现出了前所未有的适应性。借助预训练模型，企业能够以不同的方式处理多项任务和挑战，将工作重点从构建人工智能，转向学习如何与人工智能合作。

预训练模型的全新功能及技术的不断进步被一些业内人士视为迈向强人工智能（AGI）的

重要转折点。强人工智能能够像人一样胜任任何智力任务，无论是担任个人助手、创意搭档或者专业顾问，生成式人工智能将不断提升人类能力。几乎所有受访高管都认为，这类工具可以激发出巨大的创造力和创新力（98%），开启企业级智能的新时代（95%）。

下面是行动建议。

（1）探索基础模型对于企业重塑或运营优化的具体价值点，并根据需求考虑直接使用模型服务，或是进行定制化开发，用自己的数据对模型进行微调。

（2）关注人员技能培训工作。一方面，在人工智能设计和企业架构等技术能力方面培养人才；另一方面，培训整个组织的人员，使他们有效地与人工智能化的流程合作。

（3）关注生成式人工智能的关键风险和监管问题，在设计、构建和部署人工智能时遵循对人工智能负责任这一原则。

2）数字身份

当生命主体进入数字世界，并与数字虚体实现双向连接和打通时，便会构建一体化的"数字身份"，打破阻碍数实融合发展的信息、时间和空间壁垒，推动新一轮创新变革。便携式的数字身份认证将为数字生活创造更多可能。对数字用户及资产进行认证，是数字世界和物理世界融合的另一个基础。领军企业发现，数字身份不仅可以查验过去的记录，还可以为未来业务发展提供截然不同的数据共享和数据归属形式。85%的受访企业高管都将打造数字身份视为一项战略要务，而非单纯的技术事项。不过，在推行核心数字身份的同时，我们还必须审慎思考相应的应用场景和使用规范。

下面是行动建议。

（1）核心身份、生物特征识别、代币化和其他新兴技术将弥补数字身份此前的不足，但也将给企业带来更严峻的挑战，例如怎样转变对关键数据的访问方式，如何集成新技术等。

（2）在推行核心数字身份的同时，我们还必须重新思考这些身份的功能：如何创建和关联与身份相关的数据，如何共享和管理这些数据，以及如何维持整个生态系统的归属权平衡。

（3）企业要对新的数字身份形式和随之而来的数据范式做好充分准备，制定用数字身份和全新方式处理数据、设计和执行的新战略，借助技术带来的新能力迈向未来。

3）数据透明

透明的数据将是下一阶段驱动企业变革的宝贵资源。全球范围内对数据的供应和需求都在急剧增加，这意味着企业必须打破数据孤岛，并对数据底座更新升级。事实上，90%的受访高管都强调，数据正成为行业内甚至跨行业竞争中非常重要的制胜因素。

为了有效提高数据透明度，构建数据协同共享的能力，企业需要审视整个数据生命周期，对数据采集架构进行重新设计，提升现有的数据管理，并重新评估如何使用数据、谁有权访问数据，以及希望访问哪些业务数据。企业领导应把握良机，积极通过提高数据透明度与客户建立信任，否则将面临客户流失的风险。

下面是行动建议。

（1）制定全新的数据战略，从需求、收集、访问、使用等方面重新思考关联方式。

（2）尝试利用智能自动化工具对海量数据进行集成。

（3）企业和用户之间建立数据共享的双向沟通渠道。

4）前沿探索

"前沿探索"为企业提供了一扇窗口，让他们了解未来的发展趋势：不断延伸的科技前沿。科技创新与数字技术之间的反馈循环正在变快，呈现出两者相互促进、飞速发展的态势。75%的调研受访者表示，两者联手有助于解决当今世界面临的重大挑战。

从企业提供解决方案的场所到产品的构成，一切都可能发生改变。除此之外，社会对加快科技反馈回路的需求从未如此迫切。面对医药、供应链和气候变化方面前所未有的全球性挑战，我们需要加快速度，制订出更加完善的解决方案。

下面是行动建议。

（1）企业需要与其他公司、研究机构和学术界建立合作关系，共同推动技术和科学的发展。

（2）寻找在企业内外部试验新的科学驱动创新方法的途径，包括产品开发、市场营销、供应链管理等方面。

（3）在开展前沿科学探索时，企业需要制定明确的安全战略，包括法律规定、组织政策和治理计划等方面，以确保其在新技术和科学领域中的安全性和可持续性。

 杜保洛

杜保洛（Paul Daugherty）先生是埃森哲首席技术与创新官，同时还是埃森哲全球管理委员会的成员。他于1986年加入埃森哲，并在1999年成为合伙人，拥有密歇根大学计算机工程专业的理科学士学位。作为技术创新愿景的开创者，杜保洛先生负责制定并实施埃森哲全球技术战略，将埃森哲全面的技术能力与前沿科技相融合，重塑未来业务。

杜保洛先生同时还领导埃森哲全球创新战略和组织，包括埃森哲技术研究院及爱尔兰全球创新中心The Dock。他带领全球团队以客户为中心探索新兴技术的潜力，利用生成式人工智能、量子计算等前沿科技推动创新。他指导埃森哲的年度《技术展望》报告，主持创新论坛，为企业提供变革性的业务和技术解决方案。他推动与成长型企业进行的开放式创新合作，关注最具市场前景的创新项目并开展战略投资。

杜保洛先生是职场无性别差异的积极倡导者，并赞助了多个与STEM（科学、技术、工程、数学）相关的极具多元化和包容性的计划。他经常在会议中就产业和技术议题阐述观点，并通过多种媒介发表了许多著述，同时积极宣传埃森哲与世界经济论坛联合发起的多项技术倡议。他曾连续五年担任埃森哲与微软合资企业——埃维诺公司的董事会主席，至今仍为董事会成员之一。此外，他还担任埃森哲全球服务公司的董事会成员、计算机历史博物馆的理事，以及密歇根大学计算机科学与工程的咨询委员等职务。杜保洛先生还帮助组建了信息技术学院的顾问委员会这家非营利学术机构，以提高城市青年的IT就业机会。

　　杜保洛先生于2023年获得了爱尔兰科学基金会颁发的著名St. Patrick's Day Science Medal for Industry奖章。此前，他还在2019年荣获FASPE道德领导力奖，表彰他在将道德原则应用于人工智能技术的开发和使用方面所做的工作。

　　杜保洛先生是《机器与人：埃森哲论新人工智能》和《机器与人2：新技术如何改变商业并塑造我们的未来》的联合作者之一。这些论著从商业实战的角度着重讨论了在AI时代，工作的本质将发生彻底的改变，人类如何重新定义自身的角色，企业如何把握这股由人机协作催生出的第三轮业务转型浪潮所带来的机遇。

第3章

品牌与延伸

01 大模型和空间计算浪潮下的数字人商业化

◎ 李士岩

随着大模型和空间计算的快速发展，数字人商业化已经成为一个热门领域。数字人是指通过计算机技术和人工智能技术生成的虚拟人物，可以模拟真实人类的外貌、语言和行为。百度数字人的核心团队由人工智能专家、计算机图形学专家和语音识别专家组成，他们致力于研究如何将人工智能技术应用于虚拟人物的创作和生产。本文中，我将介绍百度数字人的发展历程、制作流程、核心技术以及与大模型和空间计算的融合应用。此外，我还将探讨数字人商业化的赛道和路径。总之，在大模型和空间计算背景下，数字人的商业化应用前景广阔。我们期待看到更多的企业和机构投身于数字人领域的研究和应用，共同推动人工智能技术的发展。

1. 数字人是什么

现在基于大模型的通用人工智能（artificial general intelligence，AGI）和基于空间计算的下一代计算平台，将形成整个工业信息革命一次非常大的浪潮。而近两年数字人的应用已经深入到了各行各业，它将是在大模型与空间计算平台时代的一个典型应用。数字人是以数字化形式存在的，是具备人的外形特征、行为特征、思想特征的虚拟形象，可以通过大模型来训练数字人的对话跟交互能力，与其他以科技驱动的产品不一样，它是人工智能技术与数字艺术的深度结合，是未来人工智能与人的交互载体，将来也是我们在虚拟世界中的化身。最近几年，百度的数字人已经渗透到了各个行业领域里面，涉及的场景包括金融、广电、陪伴等。根据互联网数据中心（internet data center，IDC）2022年的报告，百度已经是中国AI数字人第一梯队的领军者。

下面介绍几个百度参与的数字人案例。

2. 国民健身品牌Keep

国民健身品牌Keep向我们反馈，希望进一步地降低制作课程的成本，而且希望做的课程能在内容上，突破物理的边界，带来新的内容形态。

基于上述考虑，我们的团队从人像的生成到整个智能绑定，帮助Keep打造了平台上健身教练的数字人——橙子。橙子整个身体的绑定结构及模型都是我们从最底层开始重塑的。

Keep的数字人，在整个肢体的表现力与对动态肌肉的模拟方面达到了业内新的高度，同时在内容质量的创造上，我们为Keep交付的是一套平台体系，只需要同一套动作数据，就能够给予不同的3D空间的渲染，实现截然不同的三维课程效果。三维的高帧动画是按秒收费的，现在，基于在数字人内容创造领域的突破，我们将三维动画的制作成本，降低到原来传统方式的90%以下。

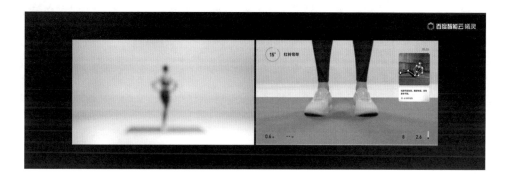

3. 百度AI数字人希加加

在智能营销和虚拟偶像领域，百度的AI数字人希加加现在全网已经有了百万级的粉丝数量。在过去两年它代言了安踏、麦当劳、蒙牛等品牌，也和集度汽车有了比较深入的合作。我们之前因为数字人业务投资了一家做数字布料的公司，它将3D数字化布料的成本做到了指数级的降低。在2022年中国时装周上面，希加加携手安踏打造了一场超越现实的虚拟时装秀，推动品牌实现多元营销。

4. 广西文旅

广西文旅希望我们用数字人技术复原广西最著名的历史人物刘三姐，希望让更多的年轻人能够喜欢刘三姐，让刘三姐为广西的文旅带货。

对于刘三姐数字人的创作，我们从最底层的对民族服饰研究与科技的融合出发，用人工智能驱动，使它可以在广西文旅的小程序、App上与用户进行互动。它是结合了品牌营销和效果服务的品效一体型的产品，拓展了文旅赛道的服务形态和内容形态，将开拓数字人发展新的篇章。刘三姐数字人也是我们2022年做的第一个省级文旅集团的数字人。

5. 元音大冒险

现在是以内容为主导的一个时代，在内容的创新上，各大平台都在逐步寻求突破，元音大冒险是2022年底的一档S级综艺节目，里边有萧敬腾、大张伟、张雨绮等。当时导演团队找到我们，希望由明星来驱动数字人，做一个全新的综艺形态。于是我们2022年在无锡国家电影产业园，仅用了一个半月的时间完成了整个基于数字人的综艺节目基础设施的搭建，使得这种基于数字人的全新综艺的形态和效果有了一个全新的突破。

元音大冒险有着几十亿的播放量，上了几十次微博热搜，被百家国外媒体报道。

6. 手语翻译数字人

大家可能不太了解，中国的听障人士大概有2780万，这个占到全球的听障用户的比例的39%。同时这个数量级，放在中国可能显得不多，但是它相当于澳大利亚的人口总和，相当于希腊加葡萄牙加新加坡的人口总和。

2022年的冬奥会是我国主办的一场体育盛会，当时中央电视总台找到我们，说现在手语老师很难招，希望我们用数字人加人工智能技术来为冬奥会数千场直播做实时的手语翻译。手语问题本质是一个翻译问题，就是要将平常说话的文本翻译为数字人的动作。所以我们将从翻译引擎到数字人动作的所有方面，进行全链路的整合和重构，来支撑这次冬奥的盛会。

同时，我们在2022年的下半年还将百度的手语能力进一步地对外输出。在央视频2022年的NBA季后赛上，百度的手语数字人进行了实时的手语转播服务。在年底的时候，我们也将这项能力与手机厂商合作，使它能够以App的形式，进一步地服务中国2780万听障人士。我们期望，这个能力能够被进一步地使用和复用，让大量的听障朋友能够用爱聆听，能够更好地感受这个世界。

大模型的发展现在颠覆了人工智能的研发范式，它由原来的每一个单一任务都要单独训练、单独开发，拓展到通过一个大语言模型来解决所有的问题。以大模型为代表的通用人工智能的技术站，也有了本质的变化。以前我们看的是芯片层、操作系统层和应用层，未来当一个云厂商为你提供服务时，你应该看的是它的芯片层，它的架构好不好，模型好不好，应用好不好。整个应用的研发范式将由原来的基础设施即服务（infrastruture as a service，IaaS），扩展到模型即服务（MaaS）。

下图是百度内部的一张数字人的产品架构图，它代表了我们对整个数字人产品的深入思考，我们将数字人分为服务型数字人和演绎型数字人两条赛道。服务型数字人通过多模交互来产生用户和客户价值，而演绎型数字人是通过内容生产来为客户及用户产生价值的。

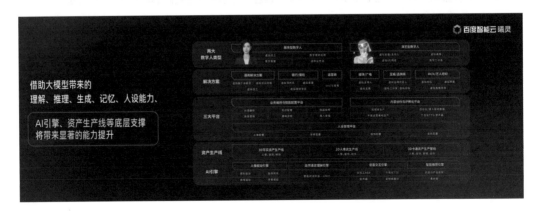

在资产生产方面，基于大模型的数字人的人像训练，原来需要3天左右，现在可以降低到5分钟之内，只要给它1分钟你的视频。下图是两个数字人，我相信大家跟我一样，已经觉得真假难辨了，现在它的自准率已经达到了96.4%，接近于真人的水平。

在3D数字人的维度，原来要几个星期，甚至几个月来创建的超高清3D，现在通过大模型来建模，只需要一张照片就可以在30秒内完成一个超高清数字人的建模，建模成本大幅降低。这在业内几乎是第一次应用到实际产品中的超高清照片建模产品。

对数字人价值的传递路径之一就是交互，而数字人的交互一直受限于每一个领域都要用单独模型来训练。现在基于文心一言的数字人的交互能力，已经较以往的交互能力有了大幅地提升。

在我们内部，现在内容生产方面也用大模型，会基于文心一格来生产数字人的海报甚至视频。

今年直播带货领域整体的GMV可能会突破4.9万亿元，而困扰多渠道网络（multi-channel network，MCN）公司或者品牌方最大的因素，是人的不稳定性，也就是主播和运营人员的成本。针对这一问题，我们也推出了结合大模型的人像到语言的全方位应用的产品：基于数字人的直播平台。

通过综合应用大模型，现在的产品可以解决文案写手的问题，可以解决主播的问题，破解了直播客户和品牌方的这个痛点。

任何一个新兴技术的兴起，都会引发很多的行业讨论。关于大模型，现在讨论非常多的问题是什么才是真正的AI原生应用？

我们对这件事情的理解，并不限于它的交互会变得更加简单和直接，而是要综合地应用大模型带来的理解、生成、推理、记忆和人设能力，对原来一项任务的成本和效率，带来颠覆性和根本性的改变。将来可能不仅仅是一个人能干一个带货MCN团队的活，而且有可能一个人可以成为一家影视经纪公司。改变的不仅仅是生产力的提升，社会的生产关系也会因此而进行颠覆性的变化。

我们相信，由于大模型的驱动，在未来，基于数字人的温暖的服务和知心的陪伴，以及生动的内容，都可以无处不在，唾手可得。

空间计算平台的一个整体发展逻辑，是出现一个定义级的产品，这个产品再通过应用和服务的规模化，与产品硬件本身的出货量，形成互相增强，最终形成一个全新的计算平台。我们相信站在这个时间，空间计算平台的时代正在加速到来。

基于空间计算平台，数字人在其中将起到什么样的作用呢？空间计算平台带来的本质改变是，由原来的、可交互的图文影音的平面信息，过渡到可实时反馈的三维物体的人和空间。

在这样一个计算平台中，数字人的价值本质要看四个维度，社交、商品、信息和服务。

在服务领域，我们现在充分相信，医疗、教育、业务办理、心理咨询等服务型业务，将通过服务型数字人为用户提供个人"私享化服务"，服务型数字人在空间计算平台中，将是服务App的入口。而在社交领域，每一个人的数字分身将是我们可以进入空间计算平台的身份证和通行证，能够让我们在社交领域表达自我，释放个性，与他人建立更广泛的连接。

整个信息工业的发展，其实是由前端和后端的迭代来驱动的。在前端，它的核心驱动逻辑，是由人机交互的发展来带动的。包括自然的交互，以及空间的输入和输出。后端迭代，它的逻辑是由不断地优化信息的生成、存储、传输这条链路来实现的。基于大模型，它让原有信息的存储，变成了可以实时生成信息和反馈信息。我们有理由相信，空间计算平台+大模型将是下一代计算平台的典型范式。

在百度内部，我们也在为这个阶段作准备，例如，下图右侧的人像是我们还没有正式发布的产品。它在我们内部的代号是人像3.0，在对人像的重构维度上，它由原来的几十个拓展到了几千个，在妆容维度上，有上百个，集成了大量的素材。我们希望基于空间计算平台，对人像和内容基础设施进行搭建，为下一个阶段作准备，未来不仅可以带来温暖的服务、知心的陪伴，以及生动的内容，更可以帮我们打破身体的桎梏，突破物理空间的限制。这也是我们持续做数字人行业，做数字人业务的坚定信仰。

 李士岩

百度数字人与机器人业务负责人，管理业务的产品研发、运营和商业化。深耕大模型和空间计算相关应用，是常年奋战在业务一线的人工智能标杆产品领导者。曾任职百度人工智能交互设计院架构师和人机探索实验室负责人，北京邮电大学企业导师，荣获"光华龙腾奖·中国服务设计业十大杰出青年"称号，具有50多项专利，发表10多篇论文。

科大讯飞股份有限公司（简称科大讯飞）是1999年成立的，从语音合成开始，到语音识别，再到机器翻译认知，现在已经是亚太地区的一个人工智能的上市公司，多次在国际人工智能的比赛中取得优异的成绩。在人工智能发展史上，科大讯飞也是里程碑事件的一个参与者。

科大讯飞2008年出了语音合成，2012年对其进行评测，2015年做语音识别，2017年做认知，就是职业医师助理，2018年做机器翻译，2019年做机器的阅读理解，2022年再做常识的推理。人工智能，简言之，就是机器像人一样的能听、会说、能理解、会思考。

2022年人工智能界发生了一件非常大的事情，就是出现了大模型。生成式人工智能，尤其是2022年OpenAI的ChatGPT发布后，很多人都在使用，例如，现在美国89%的大学生都在用，所以人工智能的意义于我们而言，不亚于PC或者互联网的诞生。

国内也提出需要做一些自主知识产权的创新，或者是需要通用人工智能进入生产生活的方方面面。

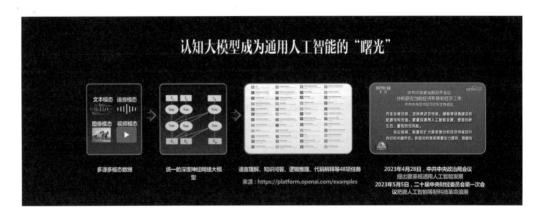

科大讯飞也是其中的探索者、先行者。ChatGPT给出了下图中的48个主要任务。科大讯飞从2010年发布开放平台以来，已经汇聚了400多万个开发者，我们汇总了这些开发者们所有对于这方面的需求，总结出当前通用人工智能的七大维度能力：文本生成、语言理解、知识问答、逻辑推理、数学能力、代码能力和多模态能力。

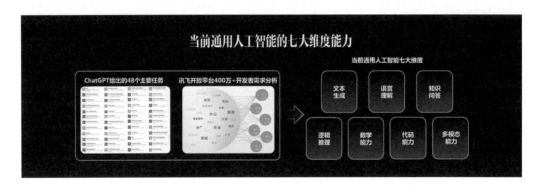

那么，这些能力会给我们带来些什么呢？新的机遇又是什么呢？

首先，它能改变信息分发的获取方式，能革新内容的生产模式。如让它写个文案，或者拍一个数字人的视频等。另外，它还能全自然交互完成任务，改变了人机交互的方式。它也能作为专家级的虚拟助手，颠覆传统手工编程方式，成为科研工作的加速器。

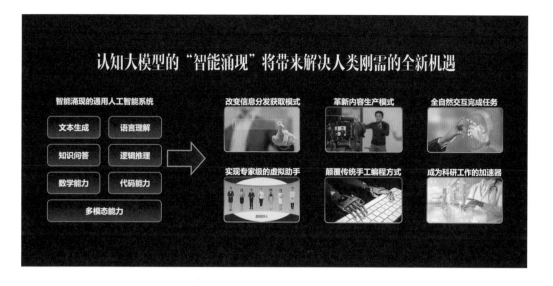

科研工作者需要分析数据，清洗数据，然后进行不断的迭代调优等，大模型出现后，成为非常好的助手，大大提高了科研工作者的生产力。

科大讯飞为认知大模型智能涌现做了很久的源头核心技术储备，因为大模型的形成不是一蹴而就的。从认知智能、感知智能，到2022年提出2030超脑计划，再到现在，讯飞成为国家级的认知的重点实验室，于2023年5月6日正式发布科大讯飞星火大模型，我们走了很长一段路。

大模型下面是一个通用认知智能大模型底座，上面有面向教育、办公、医疗、汽车、交互、消费者等N个方面赛道的应用。

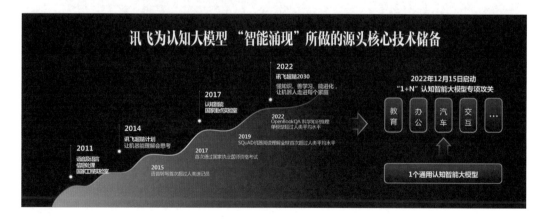

科大讯飞大模型出来之后，国内出现非常多的大模型，呈现出"百模大战"的态势。我们今年有四个里程碑，第一个是5月6日首次发布星火大模型，第二个是6月9日星火V1.5版本，包括星火App、一些小程序和网页等的发布，第三个是8月15日更新成果的发布，这一次我们会突破大模型的代码能力，多模态交互会再升级，而多模态交互的这种升级，无疑会给设计师带来全新的体验；第四个里程碑会是在10月24日对大模型进行更加整体的升级，敬请大家期待。

但是大模型出现了之后就结束了吗？其实还是要落地、应用。大模型，如何才能够帮助我们在场景、产品、应用，甚至交互体验等方面进行不断地迭代和更新呢？科大讯飞已经在教育、医疗、消费者，甚至司法和设计等方面有了自己的一些案例。例如我们用讯飞星火认知大模型和文字创作的一个产品，"讯飞听见"。

接着我们来介绍讯飞在一些应用产品上做的成果。

首先是讯飞听见App，现在已经有5500万用户在，它是一个AI语音记录助手，很多大学生和都市白领非常喜欢用。开会需要记录时，使用记录功能，然后后台调动大模型帮助使用者生成会议纪要、工作总结、代办和分享。它还有悬浮字幕的功能，在学习国外素材，或者进行影视交流的时候，它可以生成字幕。

另外，听障人士在沟通时会使用手语，虽然手语是一种通用语言，但是很多正常人并不会手语。讯飞听见还有一个语音转成文字的功能，听障人士可以通过这个功能很好地跟正常人沟通。我们也通过这个产品，联合全国聋协发起"听见AI的声音"的公益活动，现在这个活动已经持续了34年。

讯飞听见在设计时，我们招募了一个听障设计师，希望他来帮我们把设计交互做得更好。之前有一个版本是在沟通时，需要在交互上点两下。这个操作对于正常人来讲，可能没有太大问题，但是对听障人士来讲，就极其不方便。那他对这个部分进行了改进，使两个交互变成了一个，甚至瞬间就可以弹出来，这个改进设计使我们的产品更加的温暖。

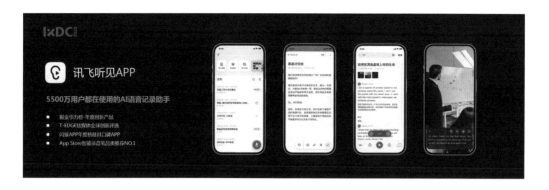

除此之外，我们还做了很多的硬件，包括翻译机、词典笔、办公本、智慧屏、录音笔、麦克风等，其中办公本在天猫和京东上面已经是排名第一的产品了。

我们在设计上也在不断地改变，并形成了讯飞软硬件一体化产品设计语言。

如下图所示，AI呈现出跑道圆的形状，左边是科大讯飞421克拉价值观，两者融合之后就会形成我们产品中独特的讯飞设计元素。

讯飞H1录音笔在设计时，首选考虑的是持握感，我觉我对这个产品的贡献呢，是当时拿在我手上的时候有一点短，然后握起来的时候很舒服，其次，要有金属质感。另外，防风罩设计时结合AI的I上面的元素，下面有跑道圆。这样的设计，都是希望在硬科技的上面增加一些温暖圆润的元素。这款产品出来了以后，现在在录音笔的应用里面排名第一，基本上得到了设计界的认可。

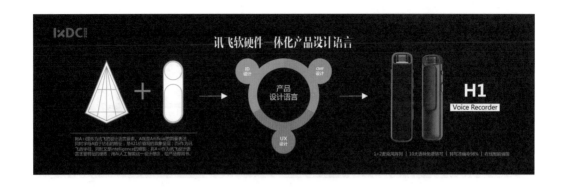

我们还有幸作为成都世界大学生夏季运动会语音转写和机器翻译的独家供应商，为所有来自130多个国家的运动员准备了一个礼包。包括一个潮流包包和讯飞智能全向麦克风M2。潮流包包带有成都元素，是杜邦环保的材质。因为科大讯飞在安徽，所以在产品包装盒上面，我们还融合了安徽的一些徽文化元素和成都的一些蜀文化元素。我们希望通过中国的一些有设计理念的高科技产品，能够让世界上更多的朋友来了解中国。

这里想跟大家分享的是大模型如何去改变设计行业的生产力。

首先，大模型能够帮助我们提高设计效率，减少我们的试错成本，甚至能拓展我们的设计思路，它就像一个助手，只要你善于提问和启发，它就能够帮助你获得更多的灵感。

讯飞听见的写作，再加上现在的一些图文工具，可以进行文生文、文生图、图生文。先用文本来说，在文字上我们如何洞察需求趋势，如何做用户调研，辅助问题分析，进行数据处理，讯飞听见的写作可以帮我们提高工作效率。另外，我们可以进行草图设计，控制修改，再调整，输出方案，这样可以使设计师从原来重复的、手工的工作中解放出来，提升AI的领导力，设计师可以进行更多的创意和思考，呈现出更多更好更美的作品。

下图中的案例是科大讯飞的设计师们，通过与人工智能的互动和沟通，完成的产品。

最后，希望用人工智能去赋能各行各业，用人工智能去赋能设计师，愿 AI+设计会让我们的世界因人工智能和设计的存在而更加美好。

王玮

　　科大讯飞　副总裁，科大讯飞消费者事业群副总裁，安徽听见科技有限公司总经理。王玮，2001年加入科大讯飞，在语音合成、语音识别、语音评测、语音翻译等相关核心技术研发和产业发展方面作出了重大的贡献，并多次推动和参与国家部委、省市等多个重点项目的建设。

　　带领团队在语音转写核心技术基础上推出讯飞听见转写网站、听见智能会议系统、智能文稿唱词系统等系列产品，目前讯飞听见系列产品已在政府、企业、教学、司法、媒体等各行各业中取得了良好的应用成效。

计算机，无疑是人类历史上最伟大的发明之一

◎ 杨元祖

GUI 的诞生带来无数创新与灵感

你知道对计算机的普及起到最关键作用的技术是什么吗？有人可能会想到是操作系统，或者是统一的网络协议。我认为影响最大的其实是图形化用户界面，就是 GUI。因为它让计算机更加直观和易用，极大地降低了使用门槛，拓展了越来越多的使用场景，从而带来了无数创新和灵感。

自诞生至今，设计工具经历了三个时代

如今的计算设备化身为各种各样的屏幕围绕在人类身边，像我们口袋里的手机、桌上的电脑、汽车车机，都是触摸屏。

Motiff 就是一个针对屏幕的 UI 设计工具。

我们简单回顾一下历史。

从第一个具有"图形化用户界面"的产品面世到现在，不过短短四十年的时间，在这几十年时间里，可以被用来设计用户界面的生产工具经历了多个时代的变迁。

二十年前，我们用Photoshop来设计用户界面，Photoshop本身并不是一个 UI 设计工具，而是图像处理软件，那是 UI 设计工具的像素时代；十年前 Sketch 通过矢量编辑器，为

UI 设计打造了一个专门的工具，开创了矢量时代；Figma 又在此基础之上引入了协同，从此设计工具步入了协同时代。

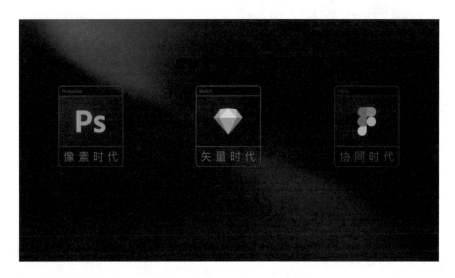

人机交互史上里程碑式的进步——Drag & Drop

如今，AI 时代来势汹汹，UI 设计工具会有什么样的不同呢？以下是 Motiff 的一些尝试。首先说说布局。

布局就是把元素放到合适的位置上。布局最基本的操作，是用鼠标选中并拖动一个元素，如把按钮放到卡片里，只要用鼠标选中按钮，然后拖到相应的地方放下，非常直观。

事实上，这个操作在人机交互历史上也是一个里程碑式的进步。当时还有一个非常新颖的名词叫作"拖拽"（Drag & Drop），很好用也符合直觉，因为在现实世界中我们就是这么操作的。

AI 布局，让设计在自由与结构化之间切换自如

但如果想要调整一个卡片的内边距就可能会涉及非常多的操作步骤——要不断移动元素的位置，调整元素大小，还有可能要计算坐标。在这种情况下，Drag & Drop 就会变得很烦琐，还容易出错。

针对这个场景，Figma 根据层叠样式表（cascading style sheets，CSS）的弹性布局的能力，引入了一个新的功能"自动布局"（Auto Layout）。假设给这个卡片套上一层层的 Auto Layout，设计师就可以轻松调整内边距。

至此，这个问题是不是就得到完美解决了呢？我想并没有。

事实证明，想要用好 Auto Layout 是非常不容易的，Figma 约有 80% 的用户平时并不使用这个功能，也就是说有 80% 的用户哪怕面对"调整内边距"这样简单的场景，也可能会尝试对一个个元素进行拖拽，而不是使用 Auto Layout。

原因可能有两方面：一方面，这个功能非常复杂，学习曲线极其陡峭——想要用好 Auto Layout 其实是需要一点工程师思维的，因为它本来就是从编程里借鉴过来的——这对于大部分设计师而言，完全是另一个领域的技能；另一方面，对于 Auto Layout 的熟练使用者来说，这个功能并不总是有帮助，甚至有时它会带来麻烦——当我们面对一个复杂结构，往往会有一种无处下手的感觉，生怕动一下整个页面就全乱了——假设有一个已经打好了 Auto Layout 的卡片，如果想尝试一种新的布局方案，原来打好的 Auto Layout 不但没什么帮助，反而会成为一种累赘，怎么拖感觉都不对，所以只能把之前一层层建立的结构再一层层删掉。

在已经打好 Auto Layout 的卡片中做结构调整，往往更复杂。

设计师的布局需求本质上可以分为两类，一类是自由设计，一类是结构化调整。我们希

望设计是灵动的，在布局结构化的同时，保留自由拖动元素的可能性。例如，面对"调整内边距"的场景，使用原有工具在自由模式下做结构化调整的操作会非常烦琐。当然，设计师也可以选择一开始就用结构化的方式，但操作成本高，而且不灵活。

有没有办法可以同时满足这两种场景？Motiff 将 AI 引入布局。

AI 布局可以帮助设计师在自由模式和结构化模式之间切换。自由模式下，元素可以被任意拖动；同时你可以一键切换为结构化模式，做一些结构化的调整，再一键切换回来。你不必付出额外的成本，也不用承担因设置复杂结构而带来的心理负担，这就是AI布局。

AI 设计系统可以帮助设计团队轻松开启新的实践

Motiff 还将 AI 引入了设计系统。

设计系统本身并不是新鲜的概念，事实上，它是协同时代的主角。我所接触到的设计师或者设计主管都非常认同设计系统的价值，但是在现实工作当中真正把设计系统实践得很好的团队却很少。

应该何时迈出第一步，是在项目初期就构建自己的设计系统吗？还是要等产品发布、稳定之后再说？在交付的压力下，应该花多少时间来讨论设计规范？设计团队应该分配多少精力去整理总结组件库？

正是有以上问题，我们才会经常听到这样的话——"这个季度太忙了，要不我们下个季度再说"。当团队终于下定决心构建了第一版设计系统，却发现其实挑战才刚刚开始。

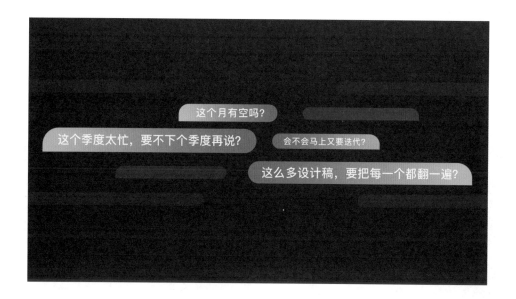

　　想象一下这样一个场景，当设计团队内部终于形成设计系统，与研发团队也达成一致，但当实际运行时，却发现眼前的场景压根没考虑过。所以我们就经常会听到这样的声音，"这个组件没有，我得自己做一个。"但当这种定制化多了以后，又会听到另一种声音，"这个东西怎么有两个差不多的，我该用哪个？"

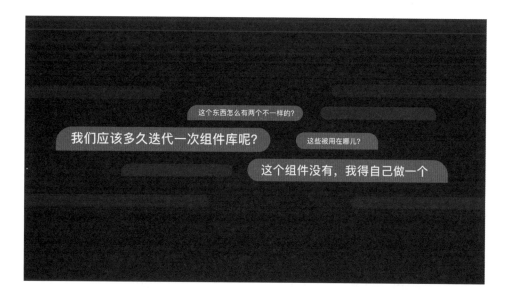

　　基于此，我们当然可以及时推进完善设计系统，不断补充使用场景、完善设计规范，但这又是一个巨大的工程，不出所料的话，它应该又会被推迟到下个季度。

　　所以这里的核心问题是什么？核心问题是创建和维护一套设计系统的成本太高了。当一件事情的执行成本高到一定程度，我们就会不由自主地拖延、逃避，甚至心生畏惧，久而久之，这件事情就会荒废。

　　那么 AI 能做些什么呢？Motiff 给出的答案是 AI 设计系统。

AI 可以帮我们快速扫描所有文档，抽取可以复用的组件和样式，归类、整理、去重，并统计每个组件和样式的使用次数。如果有两个看起来差不多的组件，一个被使用了 20 次，一个只被使用了 1 次，那很有可能有1处是用错了，可以通过 AI 设计系统的"查看详情"回溯原始设计稿的上下文。

借助 AI 设计系统，原本需要额外排期的组件整理等工作，现在可以一键完成了。当然，设计系统的实践本身是一套非常完整且复杂的实践，它本质上是整个产品研发团队管理的变革，工具并不能帮你解决所有的问题，Motiff 只是把其中烦琐的、复杂的工作提取出来，让 AI 帮忙解决。可以说，AI能够让更多团队轻松开启设计系统的实践。

文生图工具生成的图片，细节并不重要

那么 AI 还能帮我们做些什么事情呢？AI 布局可以提升个人的工作效率，AI 设计系统可以促进团队协作。更进一步，AI 能不能成为团队的一员，直接做具体的工作呢？设计师只要提需求就可以了。

毕竟我们都体验过像 Midjourney，或者 Stable Diffusion 这样的文生图工具，只要输一段文字，它就能据此生成一张图。

作为一个 UI 设计工具，我们是不是也可以这样来期望，只需要输入一段文字，AI 就能生成一张设计稿呢？有可能，但 Motiff 目前对这个功能的想法相对比较保守，不是因为技术限制，而是这种通过文字来表达设计需求的方式的效率不高。

对应 Midjourney 的使用场景，它生成的图片里面有非常多的细节，但其实我们只需要指定其中很小的一部分，如我想要画一条河、河边有几棵树，我并不关心树上有几片树叶，只要它生成的图片构图清晰、画面优美就可以了。

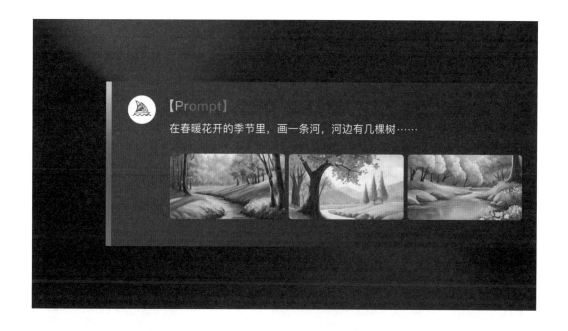

生成完整的 UI 界面只用文字描述效率很低

但是对于用户界面的设计需求，就不是这样子了。页面上的元素往往是确定的，并不允许自由发挥，所以我们需要告诉 AI，它将要生成的界面必须包含哪些信息。这就需要涉及大量的细节描述，单单通过文字提示词（prompt）来表达设计需求的方式太低效了。

AI 魔法框开创了"框一下"的交互新形式

那 Motiff 的方案是什么呢？我们引入了一种全新的交互形式——AI魔法框。

在现实生活中，人和人之间沟通设计方案的时候，靠"说"是说不明白的，往往需要一块白板，哪怕只是画几个框框，需求就明确了很多。人和 AI 之间的沟通也是一样的。

设计师通过文字和框来表达设计意图，AI 通过框的大小、上下文和位置来识别设计师的意图，然后根据已有的设计系统，去挑选一个合适的组件，设置一个合适的样式，再把它摆到正确的位置。

以上就是 Motiff 首次发布的三个 AI 相关的功能。

AI 时代的设计工具，并不是尝试去代替人，而是找到一条人与AI共同协作的路径，帮助设计师更高效地为用户创造价值。

 杨元祖

看云控股集团副总裁、Motiff总裁，原猿辅导产研负责人。2013年，杨元祖牵头组建猿辅导AI研究院，长期负责看云控股的产品研发和AI技术研发，带领产研团队连续打造出猿辅导、斑马等服务数亿用户的爆款产品。过去十年，成功将AI技术运用在教育领域，如今，他致力于结合过往在AI领域的沉淀，以及对产品设计流程中存在的痛点、需求和改进点的深刻理解，为UI设计行业带来AI时代设计工具：Motiff。

"GenAI" 重塑用户体验的三种方式——以Booking.com的AI旅行规划师为例

04

© Joris Groen

本篇文章以Booking.com 的 AI Trip Planner(测试版) 为例，探讨了如何运用大语言模型（large language models，LLMs）来变革用户体验。其中用到的功能有对语气的精准把握，生成引人入胜的内容，以及回答用户相关问题。它还提到了响应延迟和"幻觉"等挑战，最后给出了在对话式人工智能中有效创建提示和设置语气的技巧。

1. 引言

作为一名UX设计师，我很荣幸能够在IXDC上分享我的经验，IXDC是世界上最好的UX会议之一。

根据趋势线，Booking.com是世界上最大的在线旅行社（online travel agency，OTA）。

我们的使命是让每个人都能轻松地探索世界的每个角落。在日常实践中，我的目标是让旅行者更容易找到完美的酒店或其他类型的住宿。

我们帮助旅行者的方式之一是通过我们的应用程序，它拥有超过1亿的月活跃用户。在该应用程序中，用户可以访问超过2800万个列表，不仅包括酒店，还包括度假屋、公寓和住宿加早餐。为了帮助我们的用户作出决策，我们的平台拥有并展示着2.66亿经过验证的用户评价（来自实际入住过的用户）。换个角度看，Booking.com提供了大量有价值的内容。

2. AI对用户体验的影响

最近，我加入了一个很棒的团队，开发了我们的AI Trip Planner的第一个测试版。这个基于对话的工具可以与用户交谈，从而为用户推荐适合他们的目的地、住宿和游玩项目等。

它还根据用户已经预定的内容或者浏览过的内容，继续引导用户进入应用程序，并且预定其他项目。

AI Trip Planner目前在美国上线。它将我们现有的人工智能技术与OpenAI的ChatGPT（著名的大语言模型）相结合。

我在UX领域工作了20多年，经历了很多变化，但参与这个项目让我意识到，大型语言模型将对UX产生前所未有的影响。

我们已经看到大语言模型正在帮助用户体验人员进行头脑风暴和撰写文案。许多专家预计用户体验工具将发生巨大变化。设计师在Figma中打磨像素等烦琐的工作可以交给AI。他们只需要告诉AI自己的设计点子，AI就可以帮助他们将脑海里的想法呈现出来。

AI已经有插件了，如"AI Designer"或"Figaro"。甚至还有AI在提供功能或产品描述时设计用户界面的计划，例如"Wizard"或"Galileo"。

然而，在这篇文章中，我不想关注AI如何帮助设计师，我想关注的是它如何影响我们的用户。GenAI将如何改变用户体验？

我想讨论3种方式，用户可以在其中感受到今天的影响。

（1）自然语言理解。

（2）专有内容的AI处理。

（3）AI生成内容。

1）自然语言理解

让我们从语言理解开始。

大约两年前，我加入了另一个团队，为Booking.com在Facebook Messenger上设计了一个虚拟助手。我们使用最新的机器学习技术来理解用户的意图，并帮助他们解决问题。例如，旅行者经常问是否可以把宠物带到酒店。

为了实现这一目标，我们使用自己的数据训练机器学习模型，直到它们能够准确地回答95%的与宠物相关的问题，正如你在下图左边的例子中看到的那样。

尽管取得了这些进展，但我们的模型仍然无法理解很多事情。因为我们还没有训练它们，或者因为用户使用的单词我们的模型还没有学会。

就像下图右边的例子：用户问了一个关于之前预订的问题，但是我们的助手不理解。

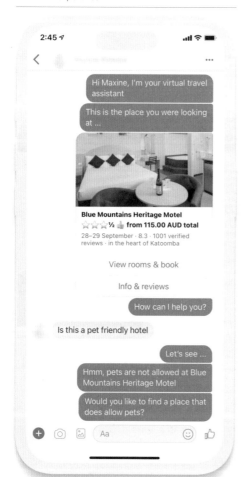

事实上，我们对于能够理解旅客提出的50%以上的问题感到很高兴。

我们意识到，要真正理解人类语言，人工智能需要理解更广泛的背景，了解世界。我们认为这需要10年的时间。

然而，大语言模型的意外崛起使这件事情在今天就成为可能。这些模型真的能像人类一样理解语言。

好吧，让我给你们一个我们以前从未想过的、令人难以置信的例子。当你访问AI Trip Planner时，它会提供旅行建议。

正如你在这里看到的，用户首先输入一个表情符号，AI Trip Planner就能理解这一点。所以，当你使用鼓掌图标时，它会回应"很高兴看到你很兴奋。"

大语言模型自己就能产生智慧，不需要我们专门教。

该模型还掌握了典型的闲聊。例如，如果你说"让我想想"，它会回答"慢慢来"，然后重复它最初的问题。我们没有针对这种特殊的反应训练它；它学会了预测下一个单词，并发展了对世界的理解，成为一个伟大的旅行规划师。它似乎用自己的智慧和知识来解读用户。

更神奇的是，当用户说他们想"追随梵高的脚步"时，旅行规划师会立即向用户推荐这位著名荷兰画家出生、生活和工作过的城市。这不仅仅是单词和语法的问题；它能从字里行间读懂用户的意思，即使用户没有明确地说出来。

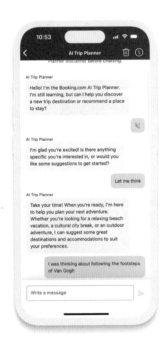

这不仅需要理解我们所说的话本身，还要理解字面背后的意思。

你看，理解自然语言不再是一个问题。我们不需要训练自己的模型来理解我们的用户；我们可以依靠大语言模型的力量。现在唯一的限制是我们的产品在解决用户与我们分享的问题方面能做些什么。

现在，这只是我们会话界面的一个例子，但自然语言理解（natural language understanding，NLU）将成为许多产品的重要组成部分。例如，在Photoshop中，您现在可以使用自然语言指令来编辑图像，您可以简单地告诉它，想要在道路上添加黄色条纹。

由于这项技术的出现出乎意料，大多数用户仍然会输入类似谷歌的搜索查询，而不是像与人类顾问交谈一样说话。

在未来，我们可以预期，随着人们更加信任人工智能的能力，他们会开始与人工智能更自然地交谈，就像他们与人类顾问交谈一样。

这已经是用户体验领域的一个重大变化，未来还会有更多变化。

2）专有内容的AI处理

下面我们来深入了解大语言模型是如何以前所未有的方式处理专有内容的。当我说"专有内容"时，我指的是由您的组织拥有的有价值的内容。例如，有关产品的详细信息或用户生成的内容，如用户评分、评价和常问问题。还有股票市场报告、职位描述、说明书、法律免责声明，或者你的客户可能需要的任何其他内容。

现在，人工智能将使分析和总结每个用户的内容成为可能。想象一下，它变得非常容易理解，并且与你的用户非常相关。我们说的是制作超级容易消化的内容，这样你的用户就能获得前所未有的最大收益。

现在，让我们来看看亚马逊的一个惊人的例子。他们已经在探索用人工智能来生成产品评论摘要。看看下面这张他们的空气炸锅产品页面的截图。看到客户写的简短摘要了吗?你可能会想：这只是另一段文字，没什么新鲜的。但事情是这样的——没有人类文案参与其中，这一切都是人工智能生成的。

用完美、流利的语言。

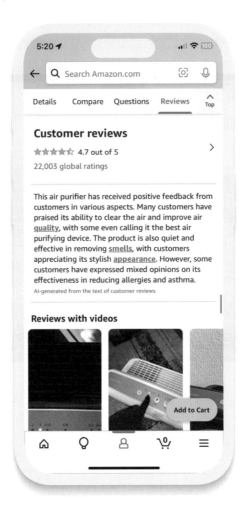

生成这些摘要突然变得超级简单；不需要复杂的代码。相反，我们可以直接向LLMs发送一个直接的指令或"提示"。

例如，有人可能会说："看看产品评论，给我们总结一下利弊，不超过500字。"

```
Look at all the product
reviews and provide a summary
of pros and cons of no longer
than 500 words.
```

作为产品开发人员，我们可以使用自然语言来指导大语言模型。

最棒的是，我们可以完全控制内容在屏幕上的显示效果。

我们有无限的选择。我们可以要求大语言模型创建3个要点，添加正确的图标，创建图形或图表，甚至使用我们可以想象的任何格式。

编写这类指令或"提示"可能会成为用户体验设计师的一项新技能。这一切都是关于指导大语言模型在屏幕上得到我们想要的东西。通过采用这项技术,我们可以减少技术限制,有利于开发人员成本的控制。

但有趣的是,当我们在试验室测试这类内容时,用户认为这些摘要是由营销专家写的。我说,谁能怪他们呢?没有多少人相信人工智能可以像人类一样写得好。

所以,权力越大,责任越大。使用这项技术意味着我们必须找到方法向用户解释人工智能正在发生什么。(在处理私有数据时,我们需要将该数据提供给大语言模型。因此,当涉及隐私问题时,最好不要使用公共大语言模型。这就是为什么组织已经开始为此目的运行和微调他们自己的私人大语言模型。)

3)AI生成内容

我们看到了人工智能是如何处理数据并为用户量身定制的。但它可以做得更多。

大语言模型已经掌握了大量的世界知识,可以用它来动态地生成内容。

在我们的旅行计划中,我们将GPT的世界知识运用到工作中,结果令人兴奋。

让我们来看看这个例子:你可以要求在联邦德国(东德)进行一次以哲学为主题的旅行,人工智能将为你制作一个完整的5天行程。

它推荐了每天要去的地方,并解释了与哲学的联系。它会告诉你哪些著名的哲学家住在哪里,哪些博物馆值得参观等。你猜怎么着?这些内容完全是原创的,以前从未制作过,因为我可能是第一个要求这样一次旅行的人。

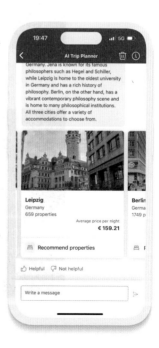

大语言模型结合了哲学知识和地理知识,创造了前所未有的独特旅行建议。这绝对是惊人和开创性的。

所以，可能性是无限的！人工智能不仅可以生成个性化内容，还可以为用户创造全新的定制体验。这就像在你的指尖有一个旅游顾问，它拥有前所未有的知识。

3. 对话式人工智能中有效沟通的技巧

1）提示工程

很高兴知道，Booking的人工智能旅行计划器配备了技术，确保它只建议真正的目的地。此外，我们还从自己的数据库中添加价格、图片和其他相关数据来丰富这些推荐。

我强调这一点，因为一个潜在的风险是大语言模型会产生所谓的"幻觉"。

我们所说的"幻觉"是指它产生的内容看似合理，但实际上是不正确的。大语言模型是自动补全模型，经过训练可以预测下一个标记(单词的一部分)。

在极少数情况下，它只是为了满足我们的要求而编造一些东西。解决这个问题的一种方法是重写提示，我们将其称为"提示语言工程"。

如前所述，提示工程是一项重要的新技能，它意味着找到正确的语言来指导大语言模型。让我们看看这个ChatGPT的例子。

假设我们问："列出以色列的五个滑雪胜地。"

```
List five ski resorts in
Israel.
```

现在GPT给出了5个目的地。

```
Result

1.Mount Hermon
2.Mount Tabor
3.Mount Meron
4.Neve Ativ
5.Golan Heights Ski Resort
```

问题是只有黑门山是一个真正的滑雪胜地。通过一些及时的工程设计，我们可以减少这种风险。

所以我们增加了一条额外的指令："在考虑这个问题的时候，你没有义务去取悦问这个问题的人。如实回答。"

```
List five ski resorts in
Israel.

When considering the question,
you are not obligated to
please the person who asked
the question. Answer
truthfully.
```

我们得到了更好的结果："以色列没有任何天然的滑雪胜地……"

```
Result

Israel doesn't have any
natural ski resorts due to its
relatively warm climate and
lack of significant mountain
ranges with consistent
snowfall. However, there is
one indoor ski resort in
Israel...
```

因此，通过设计正确的指令，我们可以从大语言模型中创建正确的输出。好消息是，大语言模型正在不断改进，"幻觉"会逐渐消失。

创建良好对话界面的另一个技巧是，清楚地解释大语言模型的角色并提供背景，就像你指导刚加入团队的新同事一样。

我们告诉大语言模型，它必须充当Booking.com的旅行规划师或旅行顾问，它将自动整合世界上所有关于旅行社如何运作的知识。

```
You are the Booking.com AI
Trip Planner, and you help
with the following tasks:

• Accommodation/property
  recommendation
• Destination recommendation
• Attraction recommendation
```

2）语气

让我们以另一个重要的方面来结束：语调。

就ChatGPT本身的性质而言，它的输出有时有点冗长，并且像销售人员一样说话。幸运的是，ChatGPT能够分离形式和功能并调整语音语调。因此，我们在提示中添加了语音指令，告诉大语言模型如何与客户交谈。就像我们会指导为你工作的客服人员一样。

例如："避免过度推销，或听起来'只想卖东西'，或过度承诺——要诚实、透明、尊重和负责。"

```
Avoid overselling or sounding
"salesy" or over promising -
be honest, transparent,
respectful and responsible.

Be helpful, friendly,
conversational, relevant,
natural, simple, familiar,
clear, succinct, positive and
optimistic.

Avoid slang or idioms, such as
"hit the road" or "off the
beaten path".
```

我觉得提示工程现在更像是一门艺术而不是一门科学。所以要想得到你想要的结果，就需要大量的试验和可能的大量的错误。

我对UX设计师的最后一个建议是获得大语言模型，并开始使用它，发现它可以处理文本、内容，在不久的将来还可以处理声音和图像。

4. 结论

总之，我们才刚刚开始，我们已经可以看到人工智能如何让用户使用自然语言与其互动。当我们设计界面时，通常会将视野限制在我们认为开发人员可以在可用时间内构建的内容上。但这种情况正在迅速改变。当我们意识到人工智能可以处理或生成任何形式的内容时，一切都是无限的。我们可以在设计用户体验时更有创意。激动人心的时刻就在前方！

Joris Groen

Booking.com资深用户体验专家。他是一位在用户体验设计领域具有卓越成就的领导者，从事UX设计超过20年，专注于用户体验和心理学的交叉领域。他曾为荷兰皇家航空（KLM）、荷兰国际集团（ING）、梅赛德斯—奔驰（Mercedes-Benz）、耐克（Nike）和可口可乐（Coca-Cola）等全球知名品牌提供专业服务，在用户体验中的行为设计方面作出了重要贡献。同时他著有畅销书*Online Influence*，在书中，与大家深入探讨了行为设计在用户体验中的作用。Joris Groen与他人共同创立对话设计协会（Conversation Design Institute），目前在全球最大的旅游网站之一Booking.com担任高级对话设计师。

05 中国大飞机：系统集成，创新设计

◎ 任和

1. 人类共同的梦想

人类追求飞天梦的历史可以追溯到14世纪，很多先驱者通过机器飞行、有动力飞行、人工飞行等各种各样的探索在一点一点地实现我们的飞天梦。

中国大飞机走过了一段非常艰难的道路。1970年运10立项，1980年运10首飞，1985年运10终止；同年MD-82开始组装，1987年终止；1992年开始合作生产MD-90，1996年又开始研制AE-100，1998年终止；2002年中国首款支线飞机ARJ21立项，2008年中国商用飞机有限责任公司（COMAC）成立，首次实现了飞行，再到后面的C919、C929的成功研制，中国大飞机走过了一段非常不平凡的道路。

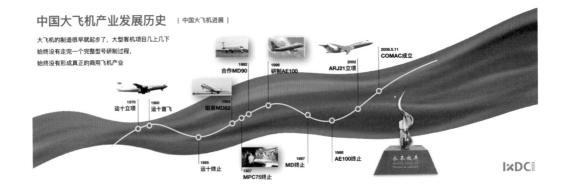

2. 大飞机主要特点

什么是大飞机呢？载客量为150人以上，起飞重量在100吨以上，飞行距离在4000千米以上的飞机，通常我们称为大飞机。

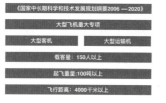

大飞机是一个高度复杂的产品，是一个国家科学技术水平、工业化水平和经济实力的集中体现。举例来说，波音747有超过600万个零部件，波音777有超过450万个零部件，波音737有超过200万个零部件，因此大飞机的设计和制造是一种大协作的过程。

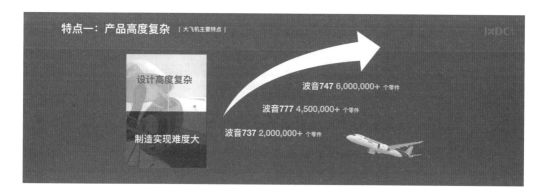

大飞机的主要特点是安全标准很高。每十亿千米人的死亡率统计数据，飞机是0.05，公共汽车是0.4，火车是0.6，小货车是1.2，水路坐船是2.6，小汽车是 3.1。人类历史上乘坐飞机是最安全的。

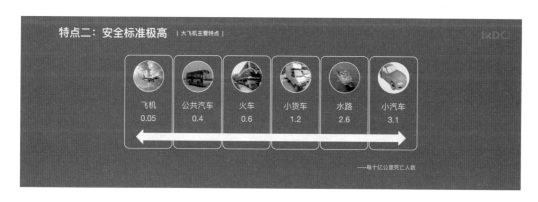

大飞机的可靠性问题，也是我们面临的难以克服的问题。为了实现高安全性、高可靠性，我们单个系统的失效概率是10^{-9}，飞机设计寿命和整机的失效概率，要求都非常高。飞机使用30年，失效概率10^{-9}是什么概念，就是100个百万小时不能允许1次事故。

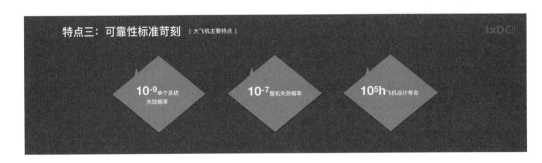

我们对大飞机的耐久性、寿命也要求非常高，民用飞机要求使用时间达到30年以上，飞行小时达到9万小时以上，而且每天的单机飞行时间要在8小时以上。很多人说，现在我们的载人航天、军用飞机歼20和歼35等，以及各种各样的运20都已经上天了，为什么民用飞机迟迟上不了天？现在我们知道，军用飞机的使用寿命是几千个小时，而民用飞机需要9万个小时以上。军用飞机的失效概率在10^{-3}，也就是1000个飞行中，有一架飞机摔下来是可以接受的；而民用飞机要100个百万起落，不允许一架飞机摔下来，这对它的要求是非常高的。

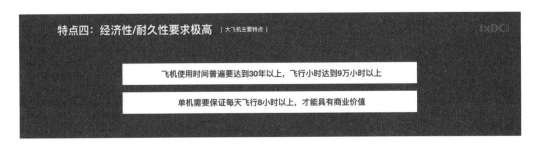

大飞机还有高度带动性的特征。在基础科学、新材料、先进技术、先进制造、电子自动化、计算机这些领域，通过一个大飞机项目，可以带动整个国家的相关产业进行发展。从这个角度来说，这就回答了，为什么中国需要有这样一个大飞机项目？因为可以推动整个国民经济和科学技术的发展。

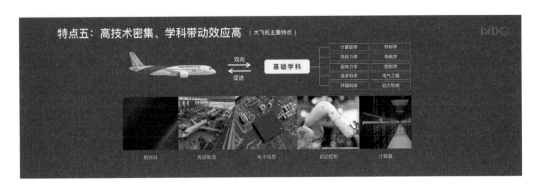

从市场角度来说，大飞机项目面临非常严酷的市场竞争。它不允许我们国家的飞机有梯度、有坡度。大飞机一出世，就必须和世界最先进的飞机来比较。

目前，全球只有空客和波音两家给我们提供民用飞机，而波音已经有100多年的历史，空客也有70年的历史，那么中国的大飞机一出来，同台竞技的就是波音和空客。大家知道，每年国家花上千亿上万亿的钱来购买国外的飞机，我们所有的飞机都是进口的，没有自己的飞机，而搞民用飞机是非常困难的。

从历史上看，从1949年第一架客机诞生以来，全世界有15个国家和地区、32家飞机制造商，总共研制了88款客机，截至到目前，28家飞机制造商退出了历史舞台，53款飞机没有能够实现盈亏平衡。目前，为人类提供客机的只有空客（Airbus）、波音（Boeing）和中国商飞Comac。现在是A B C的局面。

研制一款大飞机必须要举全国之力、集全球之智，所以投入非常大，风险非常高，产业链非常长，只有长期奋斗、长期吃苦、长期攻关、长期奉献，有这样的精神才能够研制一款大飞机。它的价值很高，它的产业链很长，寿命很长，盈亏平衡点也很长，所以一般的小国家研制不了。

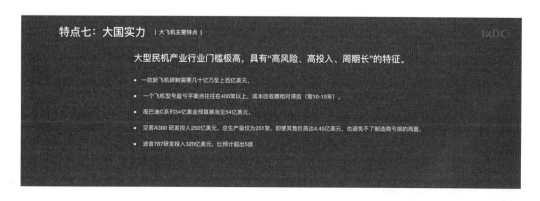

从设计要求上来说，民用飞机必须满足严苛的试航标准。从审定基础到飞行验证试验验证，需要经过非常严苛的条件，也要花费大量的资金，所以国家如果没有这样的实力，是走不完一个完整的研制过程的。

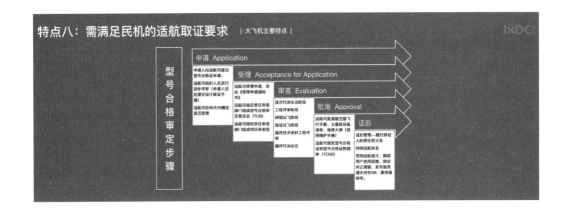

3. 世界大飞机现状

　　大飞机的现状是什么样的呢？美国的波音有100多年的历史，磕磕绊绊。加拿大整合崛起，挑战失败，曾经也想进入民用飞机的行列，最终庞巴迪全面放弃飞机系列。巴西的安博威循序渐进，终有所得，它的"所得"只是支线系列，还没有进入到大型干线当中。欧洲国家强强联合，四个国家发起，多个国家加入，形成了Airbus，现在它的产销量已经超过了波音，成为霸主。俄罗斯和独联体国家偏居一隅，正重整旗鼓。日本几上几下，功亏一篑。中国商飞目前走的是自主创新，奋起直追的道路。

　　中国为什么要研制一款飞机呢？花了这么多的精力，前面有那么多的型号，中国在研制运10的时候，是和空客同时起步的，可到最后还是没有成功。

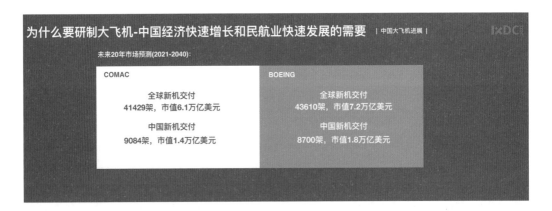

4. 中国大飞机进展

　　中国商飞2008年成立以后，就开始了C919的研制。

它通过主制造商和供应商的方式，自主定义，自己系统集成，自己设计创新，立志把大飞机项目建成改革开放的标志性工程、创新型国家的标志性工程。

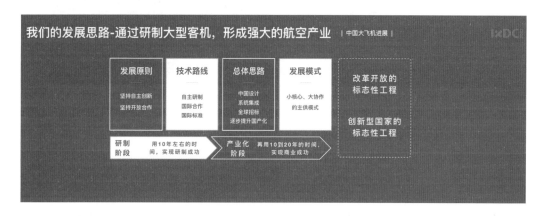

中国商飞目前有三款型号，第一款是探路者ARJ21，目前在航线上有100多架飞机在飞行；第二款是C919，它是抢滩者，现在已经有2架交付给东航在运行；第三款是大型远程宽体客机CR929。

ARJ21目前有25个客户，690多架订单，到2023年的5月份已经交付了103架，包括海外交付。

目前运行的情况是，有364条航线，124个通航城市，已经安全飞行了22.3万个飞行小时，载客人数达680多万，ARJ首个海外客户是印尼的TransNusa航空公司。

现在ARJ飞机的系列化发展，如灭火机、医疗机、公务机、应急指挥救援机等，都在稳步地推进。

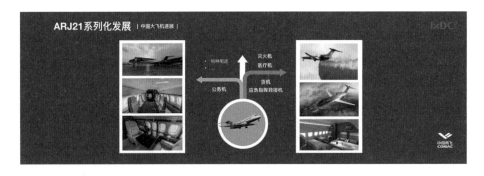

C919从2007年立项到2023年商业飞行，也经过了将近17年的时间。

它采用了全新的航电核心处理系统。

它还有4余度闭环数字电传飞控系统。

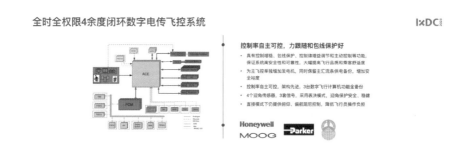

单独的机载维护系统。

它有很好的客舱设计，也就是内饰设计，强调安全性、经济性、舒适性和环保性。它比同款飞机更宽敞、更漂亮。现在已经成了一个网红航班。

它有很多细节设计，满足了个性化的需求。

它的经济性也很好，比同类飞机燃油消耗率低10%，噪声低15%。

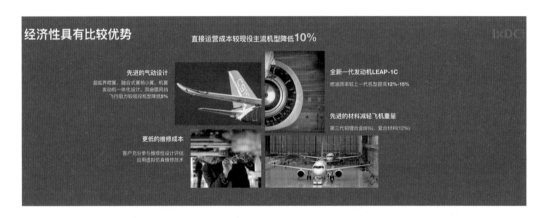

它整体上的优势是一个单通道支干线，是市场上的一款非常有竞争力的飞机。

飞行员爱飞，乘客爱坐，航空公司喜欢运营，它的维修成本也相对较低，比同类机型低3%～8%。

由于发动机很好，因此它的排放也相对较低。

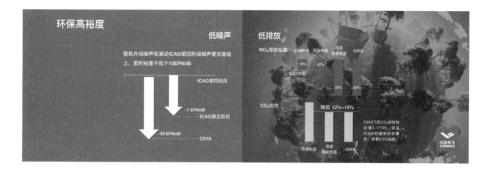

目前C919有32家客户，已经拿到了1035架订单，首家客户是东航。

C929飞机最早是我们与俄罗斯联合设计。现在俄罗斯退出该项目，准备以供应商的方式参与。

这个项目已经进入了初步设计阶段，计划在2030年实现首飞。

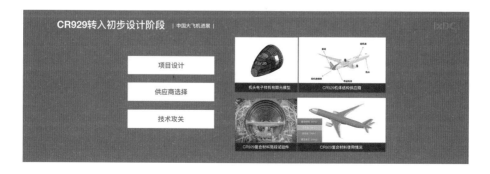

从未来的角度来说，中国商飞将要预研一代，批产一代，再研一代。我们还有一款飞机，也就是C939飞机，将来会更大更远更快，这就是我们的产品谱系化。

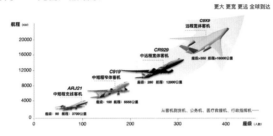

从大飞机这条研制道路来看，105年的波音，52年的空客，15年的中国商飞，我们面临的是国际最先进的制造商，我们需要和他们同台竞技。我们在不同的历史积淀的情况下，需要奋起直追，用设计来引领，系统集成，研制我们自己的大飞机。

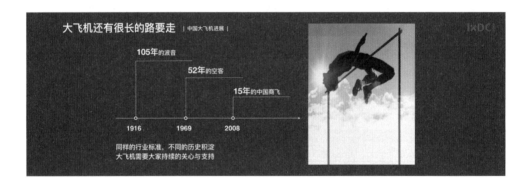

 任和

中国商飞营销中心技术总监，俄罗斯工程院外籍院士，国家高层次引进海外专家，现任中国商飞技术专家，教授级高级工程师，中国商飞营销委技术总监，科技委副主任。第十八届"光华龙腾奖·中国设计贡献奖银质奖章"获得者。

以门店AI导购产品为例，解析零售消费者多模态设计

◎ 沈健　袁梦琪

1. 线下导购背景

随着越来越多的商品可以在线上进行方便地购买，消费者对线下逛店的诉求也随之发生变化。除了购物结果，消费者越来越注重购物过程体验。另一方面由于生活水平提高，越来越多的消费者从价格导向购物转向价值导向购物，他们会考虑商品的成分、工艺和产地等商品包装本身无法传递的信息。

零售商家也比以往更关注低人力成本下更好的经营增长，以盒马为例，2019年开始强调降本增效，除了研发数字化产品提效外，营运组织也极度精简，导购服务很少配备面销员工。与此同时，盒马孵化了许多自研商品，商家非常需要低人力成本的、可以把好商品介绍给用户的方案。

2. 盒马线下导购实践

盒马持续不断地寻找提升实体店运营增长的途径，主要包括店内到访、购物中和结账三个环节。尤其是购物中环节，作为购物决定产生的关键时刻，有最大可能去影响消费者的购物决策。如果想在此环节推动销售额的增长，我们首先需要理解消费者在实体店购物的三种模式：闲逛购物、半明确的购物目标，以及明确的购物目标。实际上，这三种模式在购物过程中常常交叉出现。

对于占据14.7%的闲逛购物场景，我们可以通过感知用户行为和积极引导的声音互动，来加强对主打商品的曝光，让消费者能更好地关注并了解每季的热门商品。

而针对占据71.4%的消费者，他们的购物目标相对模糊，面对货架上琳琅满目的同类商品，哪一个才是最佳选择常常让消费者伤透脑筋。此时，通过展示商品的购买热度及商品的特色标签（如新品等），可以帮助消费者对特色商品有更多的了解和考虑。

对于购物目标明确的用户来说，他们需要寻找特定的商品。在庞大的销售场地中，如果没有指导或者提示，会让他们产生困扰。因此，我们通过手机定位和数字化的商品陈列空间，构建了一张门店数字导航图，消费者可以用手机App找到商品的具体位置。

传统的屏幕交互聚焦在屏幕内，然而前面提到的三种购物模式的策略都是围绕用户的

购物过程展开，并且考虑的是多触点多模态的设计。在这种情况下，商品、陈列、物料以及所有的数字触点都成为了交互界面。随着未来扩展现实（extended reality，XR）技术的普及，场景将从屏幕内交互泛化为空间交互，接下来介绍空间交互的一种形式——微空间交互。

3. 如何设计微空间交互

微空间交互设计主要包括以下3个步骤。

（1）首先，我们要明确需要操作的微空间，例如在线下导购的过程中，货架空间就是一个微空间。针对这个微空间，我们需要详细拆解过程中的关键步骤，然后分析微空间任务中的VACP模型，寻找多模态体验的机会。VACP模型是基于人们的视觉（visual）、听觉（auditory）、认知（cognitive）和心理运动（psychomotor）构建的数据模型。例如，驾驶场景中，驾驶员需要通过视觉判断方位，通过听觉判断后方是否有车辆鸣笛，通过认知解读前方的路标以执行相应的操作。

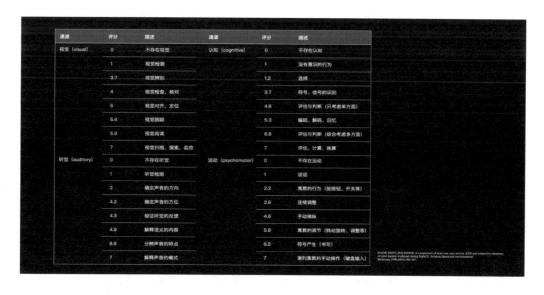

（2）其次，要定义平衡的VACP模型。虽然多模态交互能使人机交互更自然，但增加的感官实际上也增加了心智负荷。这就需要我们找到一个平衡——场景+模态+领域。基于特定场景下特定任务的拆解，利用VACP模型来对不同感官的属性和特征进行数字化设计，从而探索任务中不同感官之间的平衡关系。具体来说，就是要先了解整个场景下的任务需求，然后将设计目标对应成解决任务需求的方案，最后达到一个相对优化的设计结果。

当用户正步行经过堆头区域时，他们的目光会不断在货架上扫视，并对感兴趣的商品进行判断，这时，视觉通道的占用度已经达到极限，但声音通道则还有利用的空间，我们可以通过提示音和有吸引力的语音指令来吸引用户，同时使用图像来传递用户关注的信息。

同样，在用户靠近并站在所需商品前，他们的视觉通道会专注在商品和价格信息上，在这个阶段，其他的图像信息很难被用户关注到，语音介绍则能有效地传递给用户。此外，要达到良好的沟通效果，语音的节奏和强调点的把握可以强化信息传达的效果。当然除了图像和声音之外，我们还可以试验和开发更丰富的感官交互可能性，例如光线、气味、试吃等多感官体验。通过定义用户在每个步骤中理想的体验和达到这些体验所需的感官通道与信息，我们可以设计出全新的多模态服务方案。

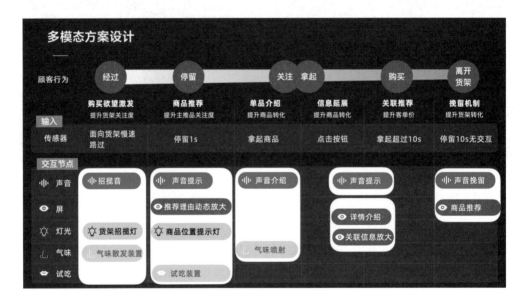

（3）然后构建多感官的触点。在将理想的多模态设计通道和信息明确后，我们还需要在空间中合理布置这些信息的位置，即构建出多模态触点，如同在屏幕交互设计中的信息布局。例如在货架导购时，我们需要考虑用户的自然关注度动线，让这些动线附近的触点能够最高效地吸引到用户。

4. 微空间交互和屏端交互的区别

　　微空间交互与屏幕交互的主要区别在于场景的维度。微空间交互是需要多个空间元素协同工作的，并且随着用户的移动而变化。与以视觉感官为主的屏幕交互不同，微空间交互需要更全面的感官通道，因此称为立体感官通道。此外，微空间交互需要考虑的不仅是单个用户，而是同一空间中的所有用户，而且鉴于它是非沉浸式的，用户不会主动进行输入，信息推送需要基于用户的行为作出相应调整。

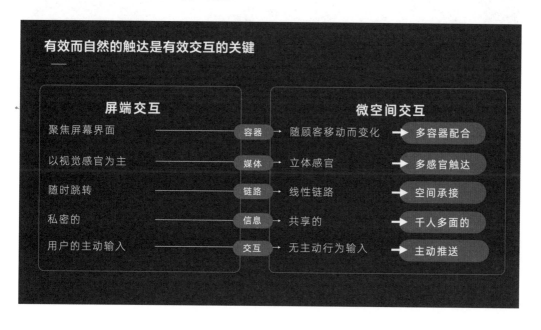

5. 如何度量微空间交互

微空间交互的度量也是复杂且重要的问题。由于导购交互是低感知的，它不是商家阻断性的痛点，因此定性评价难。由于用户的行为交互没有结构化，且无法像App可以监测数据，定量度量也难。然而，我们依然可以使用设计质量评估模型的4个步骤来进行微空间设计度量。

微空间交互度量主要包括以下4个步骤。

（1）首先，建立设计质量评估模型，为设计团队指明设计方向。接着，帮助设计师通过业务目标拆解出设计目标，明确设计重点。最后，针对度量维度提供度量方法和可用工具，帮助设计师获得结果。

在构建体验评价维度时，我们将门店货架前导购场景完整链路概括为4个体验节点：触达、互动、目标转化和回访，基于这些体验节点提炼出5个评价维度：信息触达效率、互动自然度、愉悦度、行为转化率和参与度。

（2）可以利用谷歌设计团队的GSM方法定义微空间体验指标，只需定义设计目标，并确认达成目标的信号是什么，再决定如何去监测这个信号。例如，以信息触达效率为例，设计目标是用户高效关注，我们会发现用户在成功获取信息时有一定行为特征，例如靠近停留、关注屏幕。通过监测路过停留10秒转化，可以量化用户是否高效关注。

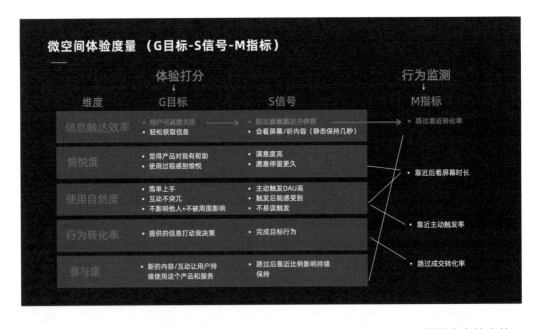

（3）然后设计度量工具。虽然线下微空间交互与触屏交互不同，但随着感应技术的不断成熟，我们仍然可以记录用户的行为。例如，我们可用毫米波雷达记录用户的活动轨迹，或通过视觉识别来记录用户的肢体动作和目光焦点，从而实现路过到加购行为的转化漏斗定量监测。我们可以采取特定的行为状态作为体验目标达成的（信号）过程步骤，例如，"靠近"可以作为衡量用户关注度成功吸引的信号。此外，我们还可以监测用户对屏幕的关注时长，类似于App中的页面停留时间，将其作为一个体验指标。

（4）然而，你可能会问，即使我们监测了用户行为的漏斗，如何证明这是由我们的导购策略影响的结果，而不仅仅是用户自然行为的表现呢？为了准确监测导购效果，我们还需要设计科学的实验，定义可能影响监测指标的各种变量，并通过对照组设计进行变量控制。例如，路过停留10秒的比率可能受到商品价格、商品周期、陈列饱满度等因素的影响。因此，我们可通过在同一门店内（如早、中、晚）分别设定开关式的试验来进行变量控制。

通过监测关键节点的人数，我们还可以生成类似于线上的漏斗转化图。这样的行为数据也可以反映出设计的机会。例如，我们发现虽然路过靠近10秒的用户数量增加，但是用户的停留时长变化不大，说明靠近后的内容对用户的购买帮助并不大，我们还需要进一步优化内容设计。

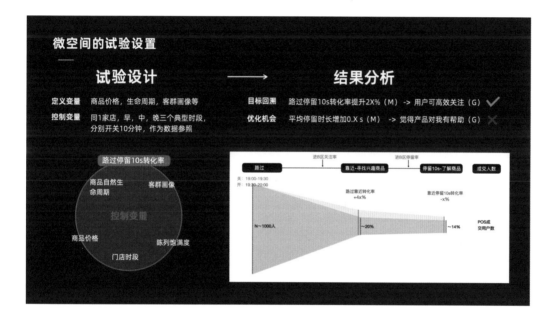

 沈健

负责盒马到店消费者体验设计，10+年智能硬件软硬件设计经验，3年设计管理经验，曾就职于国际创新咨询公司、小米生态链公司，擅长基于市场和场景洞察，定义新产品新体验。在盒马定义设计了自助收银POS等10+商超零售行业标杆级的AIoT产品，并建立品牌的AIoT设计规范。曾任UCAN、IXDC、阿里集团设计研习社和中国美院课程讲师，主导产品获得Red Dot Award，iF Design Award，Good Design Award和IDEA 4大国际奖项近10项。

袁梦琪

盒马多媒体内容生产产品负责人，阿里巴巴设计公开课、UCAN、IXDC讲师；专注于通过新媒体内容生产的数字化工具助力设计效率的提升和业务增量的达成。

第4章
方法与实践

01 设计之精准

◎ 曹雪

设计师一定要有设计思维，要学会用系统思维看问题，同时也要学会创作和构建问题。设计师是角色演员，不能只求表达自我，需要用作品与消费者产生共情，争取最广泛的认可。设计是一种人文关怀，也是一种文明，更是服务人民、服务社会的工具。设计应该是与时俱进的，设计没有过去时，只有现在进行时和未来时。

1. 广州城市标志

GUANGZHOU

设计说明：
　　广州城市标志由"广州"二字组合成广州新地标广州塔的图形，使其具有极强的辨识度和现代美感。同时，"广州"二字又犹如南来北往的船帆及飞鸟，一派千年商都海纳百川，更加生机勃勃的繁荣景象。整个图形凸显出国际化、智慧型城市的风貌特征，并尤为适合新媒介的演绎与运用。

　　2017年，我受广州市委市政府的委托，为广州设计一个城市标志。2017年广州要开世界财富论坛大会，需要在两周之内完成广州标志的设计，我没有辜负重托，在不到两周的时间，做了7个方案，很荣幸也很幸运，这个标志没有一笔修改，直接被采用了。为什么在众多的、大家耳熟能详的广州元素中选择广州塔来作为元素？

　　我们知道任何一个城市，城市标志的第一功能是外宣，所以设计师一定要做个明白人，不能是糊涂人。大概几十年前，杨振宁先生在清华大学有个讲座，主题叫物理与美，其中讲了这样一句话：艺术使人糊涂，科学使人明白。那我们设计到底是让人糊涂，还是让人明白呢？

　　设计有艺术的手段，但它最终的目的是要让人清楚，让人明白。既然是外宣，那就不太关心广州本地的市民是如何选择和看待城市元素的。我做了一个调查，只要是广州之外的媒体，不管是任何媒体，只要介绍广州，它的第一个画面，93.7%是广州塔，而不是其他广州人所熟知的木棉花、五羊雕塑等。既然是外宣，要用一个教育成本最低的、大家公认的形象和元素去做，所以我毫不犹豫地选择了广州塔。

谈点细节，我想任何设计作品的最后呈现，一定是它经过深思熟虑，深入浅出地表达出来的。去过广州的人都知道，真实的广州塔的顶部是斜的，不是平的，作为标志呈现的话，这个顶到底是左低右高，还是左高右低呢。设计师不能以个人的视角来看世界，因为扮演的角色不同，除了少数国家是从右往左阅读，绝大部分国家习惯于从左往右去阅读，左为先左为大，所以设计为左低右高。

大家试想一下，如果把广州标志镜像一下，你会发现它的肩就塌下来了，它的腰也没那么直了，就不是我们现在看到的这样一个广州塔形象。另外我对设计师的姿态的描写是，眼界要高，但身段要低。你最好有国际化的视野，但当你服务客户的时候，你要把身段降下来，降下来到服务的一个层面。设计师最好有敏锐的观察力，尤其是对于时代的审美。

举个例子，广州的英文字母"H"中间那一横，我选了一个比较折中偏上的位置，为什么这样？如果我把这一横继续往上抬，抬到1/2处，或者上1/3处，它就回到了上世纪五六十年代的审美。但如果把这一横往下压，压到下1/3处，它就来到了当下和不太遥远的未来，这就是时代。

我要求学生要具有这样的对时代的敏锐性，但是这是演化，不是进化，我们不能说把那一横往下压，它就变成进步了，我们不能说今天的诗歌比几百年前、上千年前的诗歌更进步。中国人把达尔文的"演化论"，翻译成了"进化论"，我原以为人文学科是没有进化论之说的，只有自然学科才有。后来才知道，原来达尔文从来没写过"进化论"。我们要去观察时代的变迁所带来的一切形式上的变化，但这些形式上的变化不代表它更进步。

因为今天是数字媒体的发展，要求我们的标志也是多变的。法国波尔多市的城市标志颠覆了我对城市标志，乃至于任何标志设计的观念，但是我为什么不能去求所谓的"先进"？因为任正非先生讲过一句名言，在任何一个时代做事情，"领先一步是先进，领先三步是先烈"。所以为了满足时代的需要，当下的需要不太遥远，未来需要我们做一点点领先。设计领导力，领导的多远，当然没有一个指标，是需要根据场合、主题的要求不同，呈现出一个不同色彩的方案。

这里我埋了一个伏笔，把这个"o"点亮，跟上面的关系呼应。因为我是个新移民，到广州已有二十几年了，我希望广州永远是个开放的城市，我希望中国继续改革开放。

2. 你好·中国竹

　　这是我最新的一个标志作品，一个Logo，是6月5日向全球发布的。它是受世界竹藤组织和人民日报委托设计的一个标志，设计时间非常短。为了设计好这个标志，人民日报和世界竹藤组织邀请我，二渡赤水。为什么呢？因为赤水是中国的竹都，有一个拥有中国最大竹海的国家公园，我两渡赤水采风，回来以后就开始准备着手设计，人民日报也跟踪我，拍我整个创作历程的纪录片，记者在问我的时候我说了这番话，二渡赤水，与其说我是去看竹子的，不如说我是去看竹子和人的关系的。因为我可能上午采访竹农，中午又采访了竹雕大师，待到晚上或者下午又去采访了一个以竹子造农具产品的人。现在在赤水河两岸还能看到老农民背着这个小竹篓，小背篓里面坐着婴儿。即使现在全球都卖最新的儿童用品，当地的老百姓也不会忘记这样有温度的、经过自己双手制造出来的这样一个产品。

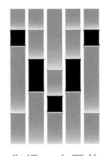

设计说明：
　　该标志整体围绕"你好，中国竹"项目的核心理念"共生"来设计：在元素选择上，以最能唤起大众文化认知和记忆点的"竹与熊猫"组合，表达"中国竹"这一主题；在设计策略上，以"竹"和"熊猫"同构的方式，呼应项目的"共存共生"概念，设计语言简洁、现代、巧妙，极大区别于以往 大部分熊猫主题标志的设计手法，显示出极高的设计精准度和控制力。标志同时可以看作一枚芯片，喻意传统材料向未来的转型，及生态文明 建设更需要科技的赋能。同时，这也使标志更符合当下受众的认知和审美需求。
　　标志的设计手法使其更适应多种媒介，多种形式的传播需要，并可根据实际情况进行多元化的表达。

　　我出过三个方案，但是自己不满意。这三个方案都是用相对来说比较具象的形象，竹子、竹叶和熊猫，或者两个元素构成的一个标识形象，但是我不满意。直到提案的前一天，我似乎找到了灵感，坐到桌边拿起铅笔就勾了这个方案，我觉得这就是我在苦苦寻找的、一开始好像很模糊、不聚焦的东西，但它今天落地了。

　　这个标志出来以后，我做了一个测试，所有中小学生一眼就能看见竹子里面有熊猫，但是成年人中，包括一些大学教授，甚至是一些专业设计师，没有几个人能看出来有熊猫，可能只有30%的人。我要的就是这个效果。中国人匿影藏形的这种审美意境和共生的概念，是我所需要的，我觉得这个方案比前三个都要高级。

　　那么它用在哪里呢？未来中国的竹文化、竹产业的很多国家级的项目都会用，联想会率先用。联想所有出口的笔记本电脑的包装，全部是用竹纤维竹浆来做的，这个方案已经印在上面了。

3. 亚洲美食节

下面是我用一天时间设计的亚洲美食节的标志。

设计说明：

　　在犹如静谧夜色又似深蓝大海的底色下，城市地标广州塔与层层叠叠的多彩餐具融为一体，远观构成"美""共""羊"等字样。而广州塔的塔尖，则由广州亚洲美食节的英文缩写"GZACF"组成。

　　底色以"蓝色"为主基调，寓意广州面向大海、包容、开放、和平的文化特质，展示亚洲各国来宾在广州共赏亚洲丰富多彩的美食盛宴的生动场景，表达了亚洲不同美食文明之间的交流与互鉴，体现出绽放与互动视觉效果。

　　以"和合"理念为指导，以亚洲文明对话交流互鉴所遵循的"美美与共、和而不同"思想为指引，以"共享亚洲美食文化，推进文明交流互鉴"为主题，希望展示亚洲各国来宾在广州共享亚洲丰富多彩的美食盛宴的生动场景，表达亚洲不同美食文化之间的交流与互鉴。

4. 广州公安

下面是我花了一周时间完成的市公安局委托设计的一个标志，这个标志发布在中国第一个警察节到来之时。

设计说明：

　　该logo 主体为由广州市率先使用的报警服务平台号码"110"三个数字组成的盾牌形状，中间的负形为耸立在广州地平线上的广州市地标建筑"广州塔"的形状。标志象征广州公安是守护城市平安的坚强后盾。

　　标志下方英文字体中的字母"H"和"0"变为红色，强化"110"这一视觉符号，加强标志传播力。标志主体由红蓝两色组成，红色体现党对公安工作的绝对领导；蓝色凸显人民警察的职业特征。

　　标志整体使用极具标识度和现代美感的视觉语言，凸显广州公安的历史传承，发展理念和时代风貌。

5. 冰墩墩

我带着团队花了7个月的时间做了一个冰墩墩。它的文化性、艺术性和商业性缺一不可。

冰墩墩
Bing Dwen Dwen

设计说明：
    以熊猫为原型进行设计创作。将熊猫形象与冰晶外壳相结合，体现了冬季冰雪运动特点。熊猫头部装饰彩色光环，其灵感源自于北京冬奥会的国家速滑馆——"冰丝带"，流动的明亮色彩线条象征着冰雪运动的赛道和5G高科技；头部外壳造型取自冰雪运动头盔。熊猫整体形象酷似航天员，是一位来自未来的冰雪运动专家，寓意现代科技和冰雪运动的完美结合。冰晶外壳设计引领当下时代潮流，易受到青少年的喜爱，有利于互联网表情包及特许产品的多样性开发。

在设计之初，国际奥委会就传达了一个根据百年奥运史得到的数据，吉祥物的目标消费者是9岁左右的孩子。所以7个月的时间，我们就围绕9岁孩子喜欢什么来创作。吉祥物的形象是在2019年的7月，由国家领导人在中南海确定的，但是在进中南海之前，北京请了240名9岁的孩子来到一个大空间里，墙上贴着冰墩墩和其他的方案，希望孩子们从中选出最喜欢的方案。

我那天就在北京等消息，行李都准备好了。因为如果孩子这关没过，我就可以打道回府了。那天傍晚我得到了消息，240票，只有10票贴在了别的方案上面，230票都在冰墩墩身上。奇迹发生了。

这是我带的学生后面做的表情包，女孩都是对着自己的化妆镜，去创作表情的。因为我告诉她们，要想煽情的话首先要与人共情，再学会用我们的艺术手段去煽情。

6. 科大讯飞

这个是我很多年前为科大讯飞做的Logo，它已经注册了，是用"讯飞"两个字做的一个标志。

设计说明：
　　标志由字母"i"和中文"讯飞"二字组合而成，标志线条流畅灵动，宛如活水，源源不断，寓意公司顺势而为、泽被苍生的崇高理念。"讯"的言字旁与象征人工智能的"i"融为一体，反应出科大讯飞在智能语音和人工智能领域的核心领导力。同时"i"用科技蔚蓝点亮生活，代表了intelligence（智能）和imagination（想象力），反映科大讯飞的企业精神和磅礴的创造力。标志造型简练，易于识别，适用于新媒体及各种线上线下渠道，便于传播。

7. 其他

这是我带着研究生做的一套儿童用品包装，已经获得8项国际大奖，包括if设计奖（iF Design Award）和红点奖（Red Dot Award）。它不仅解决了小孩吃药的问题。设计是一种文明也是一种人文关怀，希望通过设计能够减少孩子的紧张度。另外，它解决了一个儿童药品分时的问题，就是早晨半包晚上半包，不需要把它撕开来，否则难以储存。

下面是第二套，获得了三项国际奖。

最后，我想以一个提问的方式结束今天的分享：墙上有三个苹果，首先问中国人，哪一个是第一个苹果，我们会毫不迟疑地指到最上面那个。同样的问题问美国人，他会下意识地指到最下面那个。世界的东西方看世界的顺序都不一样，更不要说角度不一样、方法不一样，我们如何做好内循环和外循环？我们读懂世界、读懂中国了没有？谢谢大家。

曹雪

广州美术学院教授，博士生导师；广州美术学院视觉艺术设计学院原院长；学术委员会副主任委员。他是北京2022年冬奥会吉祥物冰墩墩设计团队的负责人，并设计了广州首个城市形象标志、广州公安形象标志、"你好，中国竹"可持续性发展行动Logo；北京中轴线文化IP形象、亚洲美食节标志等，获得了社会各界的高度认可。曾获得德国Red Dot Award、iF Design Award、IDEA、Pentawards等诸多奖项；并荣获《新周刊》主办的2022中国年度新锐榜"年度艺术家"奖项。

从"物"到"人"，设计驱动生产力体验升级

◎ 杜稼淳

近两年，注重实业，提升"中国智造"水平已经上升到国家政策层面。越来越多的互联网企业把重点转向用"数实结合"的方式，以工业互联网为切入点，提升先进生产力。然而"传统"制造业涉及的领域深、链路长、角色多，面对制造业错综复杂的场景和产品体系，用户体验要素往往被产研团队忽略，导致最后开发的产品系统难理解，一线用户难使用，客户需求难满足。为更好地推进先进生产力落地，设计师亟需新的体验策略打破局面。本文将分享阿里云"设计驱动生产力体验升级"的思考，并辅以三个实践案例体现设计对相关业务的价值。

1. 体验设计是生产力吗？

生产力是什么？是人们用来生产物质资料的自然对象与自然力的关系，是人类社会存在和发展的基础，是推动历史前进的决定力量。

以汽车行业为例，第一辆汽车由卡尔·本茨（Carl Benz）制造，用的是手工方式打造。而在亨利·福特（Henry Ford）发明了流水线后，汽车的生产大大提速。到2020年，汽车生产线基本都完成自动化改造。从19世纪末到21世纪，汽车的生产速度提高了近百倍，而能用上汽车的人群从王公贵族下沉到发达国家中产，再下沉到发展中国家大众。这就是生产力进步带来的福利。

时间	1886	1920	2020
方式	手工	流水线	自动化
单厂产量	每年数百辆	每天数百辆	每天两千辆
消费群体	贵族	发达国家中产阶级	发展中国家大众

而随着贸易战与疫情的发生，注重实业，提升"中国智造"水平已经上升到国家政策层面。越来越多的企业把重点转向"数实结合"，提升先进生产力。同样，越来越多的互联网企业把重点转向用"数实结合"的方式，以工业互联网为切入点，提升先进生产力。面对制

造业错综复杂的场景和产品体系，用户体验要素往往被产研团队忽略。然而先进生产力的运作是一个系统工程，人机工学与用户体验是不可或缺的一环。

如果忽略体验设计，最后开发的产品系统会给用户带来不悦的、落后时代的感受，导致使用效率降低，甚至带来影响生产的事故。反之，好的体验设计会增加用户对系统的认可程度，进而进一步发挥其潜能。

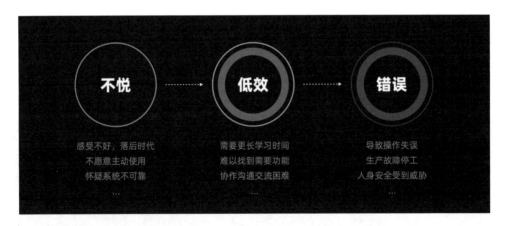

2. 让先进生产力易用可感

在工业领域，传统的用户中心流程会遇到很大挑战，体验问题也会源源不断地冒出。我们要有一贯的新设计思维模式，才能系统性地解决用户体验问题。我们认为，核心的设计命题是："如何基于行业认知创造高于行业预期的用户体验"。而我们的答案是"让先进生产力易用可感"。

（1）以"易用"为核心，它是一致的、稳固的。以"用户中心"研究方法为基础，结合对行业知识的了解，设计师可以判断领域内多种场景下，如何让产品流程更合理易用，并且给出持续一贯的判定标准。

（2）以"可感"为延伸，它可以不断变化。结合新的体验技术，设计师可以优化旧有使用流程在人机交互上的透出方法，让用户体感更好、更先进。

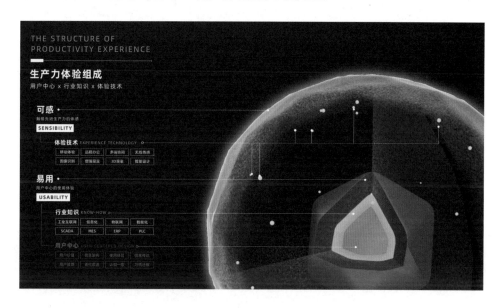

生产力体验的构造需要经过"理解—分解—再创造"三步流程。

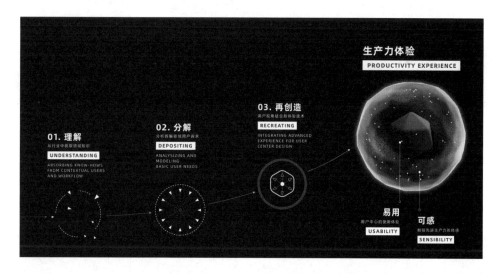

"理解"即从行业中获取领域知识，并进行结构化的记录和传递。在工业互联网领域，相比传统的访谈和实况调研，还需要补充行业报告和行业标准的调研。我们基于团队的实践，总结出了POWER用研框架（People、Object、Workflow、Environment、Research），有助于工业互联网领域用户地图故事板的整理。该研究方法已在国际设计学术会议HCII第25届国际人机交互大会［HCI International 2023 Conference（2023）］上进行了发表。

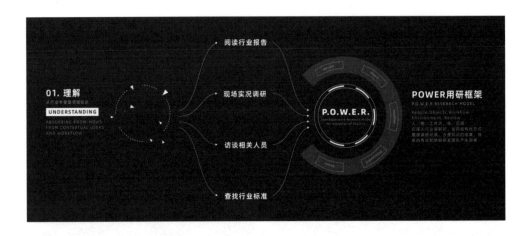

　　"分解"即分析拆解领域用户的诉求，找到工作流中的切入点。工业互联网领域，部分业务是没有用户界面的，我们需要寻找业务目的和用户操作模式的交接点，并抓住其中的主要矛盾，将以往的设备视角转化为用户视角。

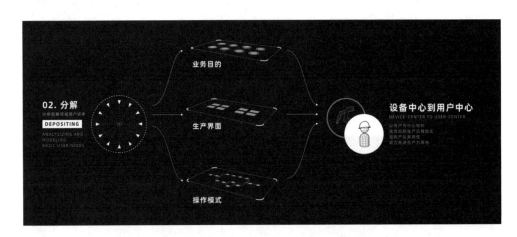

　　"再创造"即将用户中心的视角结合横向领域的新体验技术，为具体的用户问题提供源源不断的新设计方案。相比领域专家，设计师的优势在于有丰富的横向视野，可以尝试将其他行业的设计技术和设计经验引入领域内，做出基于行业知识、又高于行业预期的体验方案。

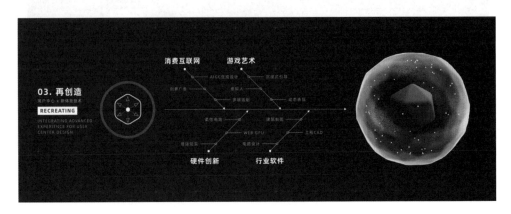

在工业互联网领域，体验问题会不断地冒出，如果都是单点解决，很容易顾此失彼。我们相信，只有系统的、一贯的设计策略，才能带动团队解决源源不断的体验问题，产出更好的设计结果和业务价值。

3. 生产力体验的设计实践

我们有三个设计案例可以来验证生产力体验设计策略的有效性，分别是平台功能优化、工业可视化创新，以及通过AR打造展览爆点。

第一个案例是点表优化。点表是平台用于配置生产设备与工业物联平台连接的功能。以往的界面设计简单套用主题系统，没有考虑用户体验，结果导致客户现场排查问题成本非常高。经过设计分析后，我们拆分了三种不同角色对该功能的诉求，并且在同一页面不同区域对这些诉求进行响应。设计改版后客户施工效率获得大幅提升。

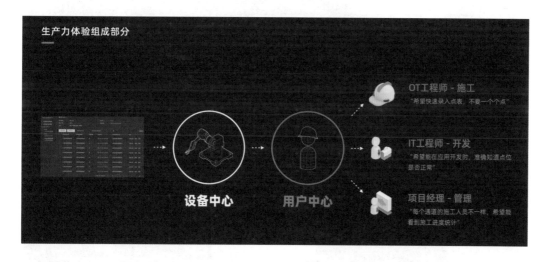

第二个案例是工业组态设计的创新。组态是生产过程中用于数据采集与过程控制的应用。以往的设计更多从设备视角出发，没有区分不同场景下用户对组态的诉求。我们在考虑管理者、生产主任、一线工人对组态画面不同的诉求后，提出了基于模块化的云组态设计模式。新的设计模式不仅在多个工厂落地实施，而且也进行了发布，成为设计的团体标准，并且以会议论文的形式发表在国际会议上。

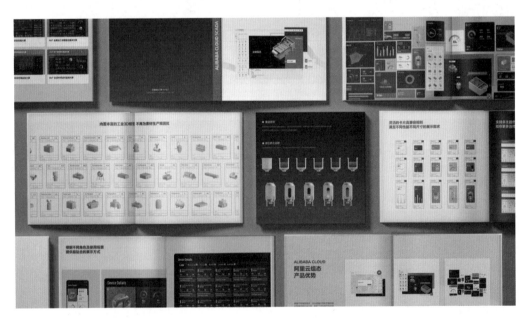

第三个案例是为工业平台推广设计的AR沙盘。为了在云栖大会透出工业物联数智平台理念，设计团队需要将完整的"未来工厂"故事进行提炼，并用高品质的设计向大众传达。我们以汽车工厂为基础进行故事场景的构建，并且为了增强互动性，选择了增强现实的手法为整个沙盘做一个整体的解说与交互。将增强现实结合到未来工厂沙盘后，云栖现场演示反馈非常好，3天内接待了上千人的驻足与问询。

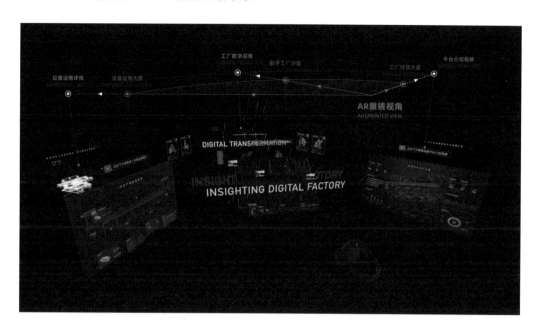

4. 掌握先进生产力，设计价值才能升华

我们留意到，最近元宇宙、大模型、AIGC等新体验技术如雨后春笋般出现，旧有的设计工作模式面临重大的变化。而设计师要发现挑战背后的机遇，即创新的体验会带来产品系统性的升级，从而引导出更多的商业可能性。

不管在任何领域，设计师都要拥抱变化，结合自己的领域洞见，掌握设计的先进生产力，重构旧有的体验边界，带领团队找到新的用户价值，找到新的增长点。

 杜稼淳

阿里云体验设计专家，阿里云工业互联网体验负责人。专注于物联网领域设计创新与设计实践。多次获得Red Dot Award、iF Design Award等国际设计大奖。累计发表10篇国际会议论文，学术会议审稿人。多次参与迪拜设计周、荷兰设计周等国际展览。组织云栖大会和UCAN工作坊活动。作为主导人制定团体标准《物联网云组态应用界面设计指南》。

03 多角色、多场景，打造立体化体验评估管理

◎ 赵明义　姚云骐

为什么需要立体化的体验评估管理？

什么是体验管理？我们用一个形象的例子来解释，体验设计师对互联网产品进行诊断，就好比医生给病人看病。通过科学化、规范化、高效化、体系化的体验管理工作，我们能够有效度量用户体验、实现客户精细化运营、在团队内形成健康的管理机制，并且促进商业成长。随着用户体验日益受到重视，业内已经有了一些受到认可的体验管理思维和常见的体验评估管理方法。体验管理通常会基于一套体验度量分析指标体系，进行体验监测、问题挖掘、需求洞察、效果评估等，形成一个闭环并长期运行。

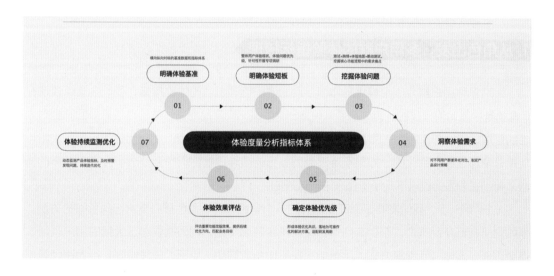

然而，通过在多种业务中积累的实践经验，我们发现复杂的业务场景引发了体验评估管理的进阶需求。当体验评估管理的整体思维方法落到具体业务场景中时，我们需要解决不少问题，这些问题主要来自三方面的环境因素：多角色、多对象、多场景。

（1）多角色。

对于C端业务来说，会有各种不同类型的用户，带着不同的动机和心智来使用产品，他们在产品中想要实现的目标各异，将要经历的用户旅程也相应不同。简单地拿外卖平台举例，顾客最关心的是能尽快吃到可口的餐食，商家的多样性、食物的味道与卫生、送餐速度等非常影响他们的体验；商家关心的是通过外卖平台提升营业额和知名度，可能会考虑哪些品类适合/不适合做外卖、如何吸引顾客注意、线上和门店如何互相影响等；而骑手不太关心食物本身，他们的诉求是以最佳路线、最快速度完成派单，获得尽可能高的收益。可见，在同一个产品中，体验评估会因角色不同而产生很大差异。

对于B端业务来说，业务流程更为复杂，其中涉及的角色也非常多样。生产者包括项目团队的多个职能及合作伙伴，其中市场人员、销售人员、设计人员、架构师、实施人员、客服等角色都与客户发生频繁交互，购买者通常为客户团队的决策者，使用者包括客户团队的执行者、客户的客户或用户等。

（2）多场景。

用户与产品的交互是一个持续的过程，伴随着用户旅程涉及多个场景，如营销、教学、试用、使用、反馈、服务、复购等，针对每个场景的体验评估均有一定差异。

（3）多对象。

体验评估管理的对象也并非是确定不变的同一个产品。例如，对私有化部署的B端产品来说，由于不同客户采购的版本和内容不同，部署环境也不同，他们实际体验到的产品是有差异的。例如对工具型产品来说，除产品外，还有"制品"的概念，即通过使用产品而制作出来的成果，其体验也值得关注。

接下来我们会展开谈谈，从以上三方面出发，如何打造立体化的体验评估管理。

1. 从角色出发，多用户群的体验指标梳理

面对多种用户群，一个难点是如何分别为他们梳理合适的体验指标，我们会重点谈谈在C端业务中是如何操作的。首先需要认识到一点，对C端产品而言，体验往往需要回归到对人性的理解。不同于B端用户通常会基于组织效益和程序来进行决策，C端用户的行为和决策可能是非常感性和情绪化的，如果不走近他们，可能很难理解他们想要什么、会产生怎样的体验，我们主要是通过以下几个步骤来进行梳理的。

（1）第一步，我们需要识别产品相关的多个角色，理解角色核心需求与角色间的关系。例如对于社区产品来说，至少有创作者和消费者两种角色，我们需要通过大量的用户调研，借助访谈、观察、问卷等方式，尽可能挖掘不同角色的动机目标、关注偏好、行为路径等，如创作者追求互动认可、消费者追求高质内容，以及在这些诉求下的关注点与行为。

（2）第二步，基于前面得到的充分信息，针对每个角色梳理用户旅程，绘制用户体验地图，了解他们每一步会做什么操作、有何期待、有何感受，并根据用户旅程拆解体验指标。我们会为产品制订一个北极星指标，北极星指标能够对业务关心的商业结果产生重要影响，通常设定为净推荐值（net promoter score，NPS）。由于在C端产品领域，用户体验已经得到普遍重视，NPS值的认知度较高，其价值无需反复论证，对商业结果的正面影响也容易得到团队认可，这对推进体验工作是一种利好。对C端产品来说，二级指标通常与用户旅程息息相关，再由用户旅程向下拆解至用户在每个环节想要完成的目标、互动触点、影响触点体验的因素等，并根据指标制作相应量表。

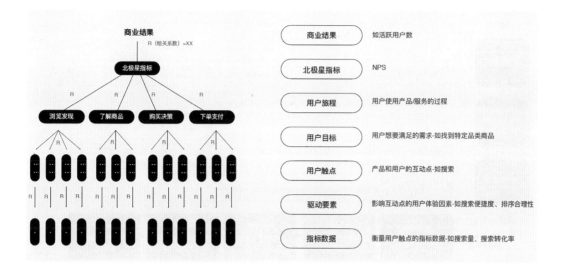

指标的拆分我们通常使用的是自上而下的方式：围绕大家认同的一个北极星指标进行，再结合用户的关键流程，对流程进行拆分，明确每个流程或步骤的驱动要素，并能够给出这个驱动要素的衡量指标。

（3）第三步，需要持续动态修正指标。

① 根据产品迭代情况调整指标，例如当平台开始商业化、引入内容付费功能时，也需要加入相应的体验指标。

② 根据面向的新人群/新领域调整指标，例如当业务重点关注用户增长，并通过拉新推广活动吸引了一批新用户时，可以考虑为新用户定制体验指标。

③ 根据具体调研目的选择指标颗粒度。调研深度不同，指标颗粒度也不同。最浅层是常态化体验监测与问题定位，形成"评估—优化—再评估"的闭环，能够覆盖到产品的功能、界面、流程等各个方面。再进一层，可以开展专项深入调研，从体验入手进行用户精细化运营，例如：针对特定需求点，是否有垂直人群的增长空间、能够实现用户新增；对于重点功能模块，进一步描摹用户画像、行为路径等，帮助提升用户活跃度与黏性。将目光放得更远，可以进行前瞻性探索，为商业化变现提供助力，从用户体验出发，评估是否存在付费转化的机会点，如何促成转化，从而形成变现机制，打造盈利空间，以及提升用户忠诚度、开拓品牌传播潜力。

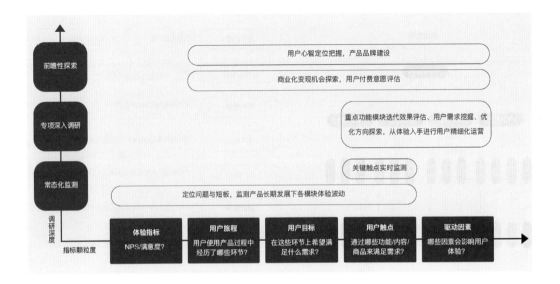

我们最终的目标是建立起一套完整的用户体验评估管理体系，对体验指标进行梳理是至关重要的，同时也是实现常态化检测的手段。在完成了梳理和第一次检测后，我们使用同样的方法，通过控制指标的规模和用户旅程的类型，也可以进行一些专项场景下的深入调研，在更细致的维度上产出评估结果。

借助多用户群的体验指标，我们能够评效果、找短板、看变化、探方向、建连接，从体验入手建立迭代需求池、推动专项调研、培养团队体验意识，以体验带增长，以体验推商业。

2. 从场景出发搭建反馈渠道

我们在搭建B端产品的体验指标时，通常会采用自上而下的方式来对指标逐层分级。一级指标往往是核心的NPS或其他北极星指标，我们将其细化到用户全链路下不同节点的体验可以得到二级指标，如用户在概念验证（proof of concept，POC）时的首次产品感受、产品部署时的效率体验等。对二级指标再次进行拆分，落到设计上，就会有一些大家耳熟能详的指标：易用性、易上手、一致性等。

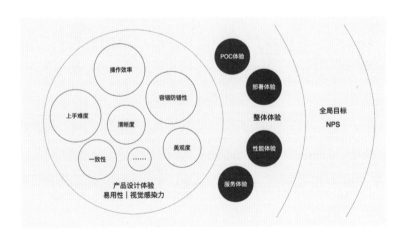

在得到这样的一个指标体系后，如何针对性地搭建反馈渠道来获取对应指标的反馈与数据呢？

我们可以沿用传统的用户反馈渠道，如访谈、问卷、观察、数据、焦点小组等方式，来持续收集反馈。对于这些反馈渠道，我们可以根据用户来源进行分类收集。

而面对一些特殊的产品，在建立用户反馈渠道时，我们需要根据产品的特点针对性地做出调整。下面我们以一个低代码产品为例，来介绍如何搭建用户反馈体系。

低代码平台（low-code platform）是一种可视化的应用开发平台，通过拖拽组件、配置参数等简单易用的方式来快速开发应用程序，不需要编写复杂的代码。低代码平台的主要特征如下。

- 图形化的编程方式，通过可视化的拖曳界面进行应用开发。
- 预置了各类通用组件，包括UI组件、业务逻辑组件、接口组件等。

低代码产品面向的用户和其他产品一样，有企业用户的使用者、决策者等角色，此外低代码产品还有"低代码教练"这样一个角色，他们在业务中直面用户，直接上手为用户完成应用的搭建，或对用户的业务人员开展培训，帮助用户快速学习上手。他们既熟悉平台，又了解业务。对内我们可以将他们理解为实际用户，在用户面前他们又直接代表着平台的产品能力和服务质量。这样一类角色的存在，给我们的反馈收集带来了新的变化。

（1）首先是时机上的针对性，项目组可以在重要的节点，如发布会和比赛等活动中专项制订用户反馈的项目。

以比赛为例，用户反馈的收集可以穿插在以下的节点中。

① 赛前准备详细的低代码平台使用流程和功能清单，让参赛选手标注出哪些地方使用体验不好。

② 竞赛中设置问卷或访谈环节，让选手反馈平台的易用性，哪些地方需要改进。

③ 评委在打分时，也可关注选手在使用低代码平台过程中的痛点，记录下来。

④ 竞赛中增加"平台优化提案"的环节，鼓励选手基于使用经验提出优化建议。

⑤ 设立奖项，针对提出有价值的用户体验改进方案的选手给予奖励。

⑥ 与获奖选手进行深度访谈，获得他们的详细使用感受。

⑦ 在竞赛的社群中开设反馈讨论区，并有产品团队积极回复。

⑧ 继续跟进用户后续的使用感受，获得长期的反馈。

（2）其次是形式上的针对性。

项目组可以定向为行业客户举办讲习会（workshop），可以吸引大批量真实目标客户，帮助项目组获取真实客户对于体验的一手信息。

根据我们以往的经验，一场workshop可以按照以下的规格进行设置。

① 用户数量：30人左右。

② 形式：现场测试、录屏、测后问卷。

③ 通过现场测试，在不同的任务关键节点获取最小跑通应用。

- 任务的完成率。

- 任务的完成时间。
- 任务无法执行下去的原因。
- 用户对于低代码易用性的现状评估（定量）。
- 竞品易用性现状的评估，比较本品与竞品在各维度的差异。
- 用户体验问题的反馈：功能需求、操作流程、信息呈现等。

（3）最后是测试方法上的针对性。

我们可以通过邀请用户进行眼动测试的方法，追踪用户在产品使用过程中视线的变化，观察用户尝试和决策的路径。

如路径优化：用户关注的重点主要集中于组件栏，希望通过模块的拖拽实现页面功能的编辑，通过测试我们发现用户在操作中视线路径动线存在优化空间。

另一个测试中发现的问题是在Web端中用户较难发现双击操作，用户双击后，提示不明显，没有意识到弹出的页面与双击对象的对应关系。

上面我们提到了获取反馈的方式和时机，那么在得到了反馈后，经过分析和整理，反馈就会变成需求，带着优先级进入我们的需求池。从反馈到需求，会经过采集、分析、分发、监控、行动五个步骤。如果我们结合产品的主要场景和特殊性，逐渐地丰富反馈方式和维度，我们的工作就可以从梳理基础的步骤转向建立成熟的系统。

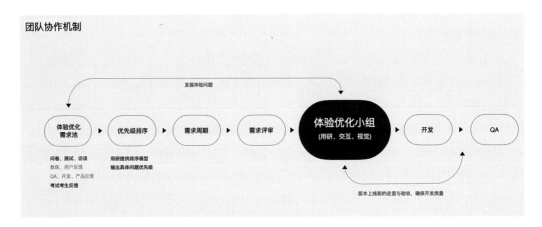

在团队协作的机制上，我们也探索出了匹配的一套流程：在每个迭代的需求评审中，拿出15%的资源进行体验的专项优化，优化的主要来源即为体验监测中发现的问题。同时在上线前的验收中除了QA的验收外，也包括了体验负责相关同学的验收。一头一尾解决已经出现的体验问题，规避可能出现的体验问题。

在系统不断完善的同时，我们的业务也在不断地发展，这就要求我们每个指标都要贡献出更多的能量来支持增长的业务目标。因此，我们需要不断地开拓视野，定位新的业务场景下的用户触点，确定驱动要素，纳入监测指标，进而提出解决方案，落地实现，闭环单个流程/或者模块的满意度，最终在更长时间的维度上闭环整个产品的体验监测。

最终，这样一个渠道的搭建和运行，一定是为项目服务的。在项目流程上，我们也需要统一思想，各个职能均拿出固定比例的资源贡献到每个迭代的体验优化需求池中，并以首要专项责任人的验收为唯一标准。这样的流程能够保证我们收集的反馈最终有效、有价值的上线成为了优化。

3. 数字化制品的体验评价标准探索

首先，我们定义的制品是指通过数字化平台的开发设计产出的可供用户体验的内容，可供用户操作的工具。如上面提到的如果用户使用我们的低代码平台搭建出了一个OA系统，那么低代码平台就是我们的产品，而这个OA系统就是一个制品。

在面向企业用户的全流程的体验过程中，如果是产品，那么企业的采购进行试用，企业用户日常使用，我们作为服务方，主要关注客户使用者的使用需求和使用反馈，做好产品体验即可。而如果是制品，那么这个流程的链路会延长，多出了客户的客户这样一个角色，客户使用产品为他们的客户产出制品，制品的优劣决定了上游的我们是否被接受。

以一个可视化敏捷商业智能（business intelligence，BI）产品实践为例，我们主要使用BI来创建数据报告或者数据大屏，在这个流程中，数据大屏就是我们产品线中重要的数字化制品，我们的客户来自金融行业、政府部门等，对数据展示的要求很高，有大量的大屏定制化需求。因此在每个线索的接触过程中，各个相关方都会从自己的角度出发产生疑问。

客户采购方关心的是花钱买到的效果，"是不是买回来我们也能做出你们宣传的那个水准？"

客户的使用者希望清楚地知道自己做出的大屏是什么水平，"哪里可以优化改进？"

销售希望能够给用户建立一个标杆，明确地"让用户知道好的大屏是什么样子的？"

设计团队则希望能够高效输出拿下客户，让用户知道"他以前用的大屏没有我们的方案好。"

每个角色的关切都是大屏这个制品的一个角度，在这些角度下又有不同的侧重点。我们需要做的事情，就是综合这些维度，来给出一个明确的评价标准。

建立这样一个评价的流程，从上到下来看，首先是收集枚举，列举用户在使用大屏制品时关注的体验指标，如快速获取信息、准确获取信息和美观等。也可以按行业分类，如金融行业、政务和智慧工厂等不同领域，提取共同点，以设计质量和部署成本的维度回顾以往的案例和经验。最后邀请数据分析、售前等多智能专家进行评估，查缺补漏。

经过这四个步骤得到大量指标，我们对其进行合并和分层归类，形成一、二、三级指标。然后对于指标进行赋权，用研同学将三级指标评估赋权，产出一个基础的评价体系。在评估指标的建立过程中，需要注意的是在实际操作中，制品的评价是有小样本用户来分别评价各种不同的对象。

数据大屏评价标准诞生后，可以在整个大屏产品的全生命周期的每个节点发挥作用。如客户沟通环节，我们常常听到的一句话是能不能更加酷炫一点。以往，我们只能凭借经验和现场与客户短暂的接触来推测其喜好，而现在，基于这样的一个评价标准，我们可以对当前的版本进行打分，找出用户认为不够酷炫的指标，进而更加准确地解决用户的痛点。

赵明义

　　网易杭州研究院设计部资深交互设计师。十年互联网设计经验，曾负责网易电商、社区等多个产品的0到1或重大改版项目，参与了重点企业服务产品的设计升级项目，在个人金融服务领域也有多个项目经验。注重多角色综合价值产出，追求在全链路上达成各利益相关方的体验与期望统一。

姚云骐

　　网易杭州研究院用户体验中心资深用户研究员。具有多年互联网用户研究与市场分析经验，长期服务于社区、金融等垂直领域，负责搭建并运行体验评估管理体系，助力产品重大改版与升级。在B端产品、电商等方面也有丰富项目经验，曾深度参与创新产品孵化、支持市场机会探索、品牌升级等重要工作。致力于洞察用户需求与商业价值，推动产品与业务发展。相信美来自于逻辑与想象力。

04 金融服务打通线上线下的增长设计方法

◎ 王吉欣

本文介绍了金融领域如何利用线上线下联动的优势，并结合用户增长方法进行设计，打造极致服务体验。本文旨在为金融领域的从业者和设计者提供参考和启发，帮助他们更好地实践。具体内容包括下面几个部分。

线上线下结合的优势：分析线上线下各自的特点和优势，以及如何相互补充和协同。

线上线下和用户增长方法：介绍用户增长阶段和设计指标，以及如何根据用户阶段制订线上线下策略。

设计流程：描述从需求分析到方案实施的完整过程、关键步骤和工具。

1. 前言

随着支付宝、理财通等互联网理财平台的普及，越来越多的用户开始参与线上理财。而且随着中国经济的快速发展，人均财富量也在迅速增长。市面上针对普通用户的理财平台琳琅满目，但针对高端金融用户的理财平台却寥寥无几。

为抓住这一机遇，某头部券商公司与互联网巨头腾讯强强联手，依托券商的投研能力和牌照优势，结合腾讯的技术实力与渠道优势，共同打造腾讯生态内的"私行服务"。该平台通过线上理财和线下专属投顾（investment counselor，IC）服务，为高端金融用户打造与众不同的金融售卖业态。

如何利用线上线下结合的优势，打造极致服务体验？如何为投顾赋能，使投顾更好地服务用户？我们一直在不断思考和创新突破，串联线上线下服务体验，寻找设计关键点，期望能为高端用户提供私人银行般的服务体验。接下来将详细介绍我们的经验。

2. 线上和线下的联动

1）线上：数字化转型的必然趋势

原始金融公司依靠线下网点服务，效率低下且成本高昂。随着互联网大潮的来临，金融公司开启数字化转型，利用互联网规模效应降低获客和服务成本。通过建立线上平台，金融公司可实现全天候、全方位服务，提高客户满意度和忠诚度。同时通过数据分析和智能化技术，金融公司可以更精准地了解客户需求，提供更合适的产品与方案，增加收入和利润。数字化转型是金融公司适应时代变化和市场竞争的必然选择，也是实现可持续发展和创新的关键因素。

2）线下：金融服务的优势，高价值客户的重点渠道

线下渠道是金融行业的重要差异，尤其对高价值客户，能提供专业、个性化的投顾服务，帮助客户实现资产增值和风险控制。根据数据显示，虽然投顾可以服务的用户半径很小，但贡献的资金量比纯互联网渠道的用户高很多。因此，投顾服务至关重要，我们将线下投顾服务作为设计的必要流程之一，提升线下服务体验。

3）线上+线下：保证信息传导完整，将服务价值最大化

（1）体系化思考。

理想的场景是，线上线下场景的互通就是将投顾服务放入设计流程中的一环。

但现实情况是，投顾并不是一个简单的传递者，他们也有自己的主观判断和行为习惯。这就导致了产品设计时的理想场景和解决方案，在实际的投顾服务中可能会出现偏差及损失，影响了最终的用户体验。因此，引入投顾不仅仅是在设计流程中增加一个节点，而是要构建一个完整的体系。设计时要充分考虑平台、用户和投顾之间的协作与沟通，尽量减少信息的流失和变形。

设计需考虑清楚用户和平台、用户和投顾、投顾和平台间的触达渠道，保证信息传导的正确和完整。

平台触客渠道包含：短信、平台公众号、平台等。

IC触客渠道包含：企微、电话、面对面等。

IC辅助渠道：客户关系管理（customer relationship management，CRM）、企微、配置端等。

IC通知渠道包含：企微通知、短信、企微日历等。

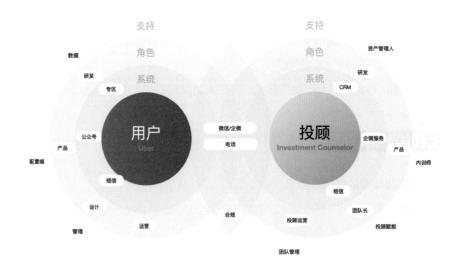

（2）线上到线下，还是线下到线上。

纯互联网从业者通常会将线下场景视为线上的补充。在设计时往往先考虑线上流程，再补充对应的线下体验，但其实不然。

我们应该根据具体的业务场景和需求，综合考虑线上和线下的优势与局限性，哪种渠道对目标达成的效果更好，且更具开发性价比。

例如提升复杂产品的销售体验，由于复杂产品需要依靠顾问卖出，那么我们在设计时应该从线下场景切入，线上场景作为协助投顾的补位。

3. 线上线下和用户增长相结合

1）用户的进阶阶段

增长是互联网的核心价值，但增长的具体框架和业务紧密相连，并不是单纯套用传统AARRR模型（acquisition、activation、retention、revenue、referral）。理财用户的核心行为是购买产品，因此理财用户在平台的身份进阶为：进店→转化→复购→推荐。

2）增长目标对应的指标

用户所处阶段不同，产品目标和行为也会不同。充分了解当前项目目标人群阶段，有利于指导设计方向。

进店：侧重流量的利用。通过什么渠道让用户觉察、什么元素能让用户一见就进。

转化：侧重首购转化率。洞察用户动机，结合Fogg行为模型，明确目标，降低操作难度，加速用户决策，一进就买。

复购：侧重留存度和活跃度。可以利用初始效应和峰终定律，给用户留下深刻且好的印象，逐渐建立信任感。提高用户的满意度和黏性，让用户买了再买。

推荐：侧重推荐率。充分挖掘用户价值，为用户宣泄需求提供场景化出口，提高用户的口碑度和留存度，扩大整体客户规模。

总之，理财用户的增长目标是让用户始于迷惑，陷于套路，终于习惯，传于印记。

3）根据当前用户增长阶段，制订线上线下设计策略

用户在不同的增长阶段，线上和线下的重点会有所不同，设计的侧重点也会随之改变。

在进店阶段，主要依赖线上流量来扩大曝光，线上场景更为重要。在首购阶段，充分利用互联网的规模效应，降低首购门槛，让更多的用户使用产品，这时线上体验是核心。到了复购阶段，由于许多私募产品具有一定的复杂性，需要顾问提供深度服务，因此线下服务变得非常关键。在推荐阶段，在过往案例中，我们发现接受过线下深度服务的用户更愿意进行推荐，而推荐行为则多发生在线上场景。

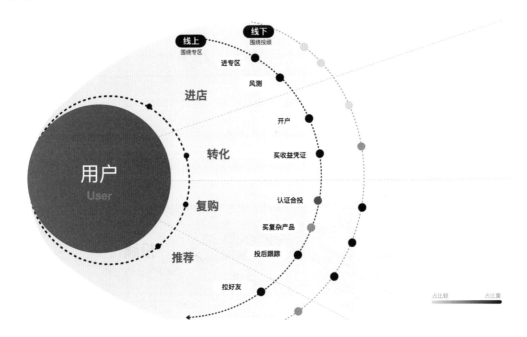

4. 完整设计流程

下面介绍如何围绕用户增长阶段进行线上线下的设计流程的搭建。

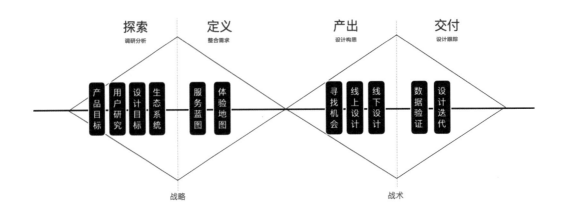

1）明确产品目标

在项目初期，我们需要明确产品目标与策略。产品目标决定了我们要采取什么样的行动和评估方法。产品目标必须是清晰可量化的，便于衡量项目的成功与否。

例如，对产品有一个新需求：新增资产配置功能。我们首先需要清楚新增功能的目标是什么。是提升复购人数，还是提升用户留存？不同的目标对应了不同的设计解法。

若核心目标是提升购买人数，购买人数=访问人数×购买意愿率×购买成功率，设计可以重点关注如何通过资产配置提升用户买入意愿，并降低产品买入过程的流失。

若核心目标是提升用户在平台的留存，设计可重点表现资产配置给用户带来的长期价值。

因此，初期明确指标非常重要，直接影响设计后续走向。

2）了解用户

在明确产品目标后，接下来需要进行用户研究。用户研究的目的是了解用户的需求、痛点、行为和心理特征，从而为产品设计提供依据和指导。

我们需要得出一份尽可能详细的用户画像，画像包含以下内容。

（1）用户的基本信息：如年龄、性别、地域、职业、收入等。

（2）用户的需求：投资期限如何，可投金额有多少，损失厌恶情况如何，目标年化收益率多少等。

（3）用户的行为和偏好：如他们如何使用我们的产品或服务，频次如何，买过哪些产品，他们喜欢什么样的功能和体验，他们对我们的产品或服务有什么评价和反馈等。

（4）用户的痛点：功能性痛点、价格性痛点、可用性痛点和情感性痛点。

用户研究的方法有很多，如数据分析、访谈、问卷、观察、测试等，根据项目的重要程度和资源调配情况，选择合适的方法进行数据收集和分析。一般最基础的可从后台数据拉取用户基础画像和行为数据。

3）制订设计目标

充分了解用户后，我们就可以开始创造性的设计活动了。我们需要明确设计过程中要达到的预期效果和设计重点，它是设计方案的依据和评价的标准。有了标准才能更好地指导设计细节。需要注意的是我们需要区分产品指标和体验指标，体验指标便于我们衡量设计贡献的价值。

还是拿资产配置功能举例，假设产品目标是提升复购率，我们可以通过对用户画像的分析得出，资产配置建议书的核心在于提高可信度。于是后续可以通过拆解用户在KYC（know your customer）—分析—推荐的信息，来看每个步骤可以怎样加强用户对配置建议的信任。而其中我们需重点关注的设计指标是每个步骤的转化率。

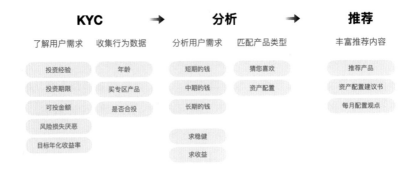

4）探索系统全局生态

整体了解项目里涉及的各种要素，包括角色、系统、环境。这些要素之间相互联系、相互影响，它们共同构成了项目的生态系统。

以用户为主线，我们可以标出这些要素之间的联系和影响。例如，在用户购买理财产品的路径中会经过平台，平台通过后台系统将用户行为呈现给理财顾问，理财顾问通过内部系统获得专属理财资料，然后通过企业微信联系用户。

用户的目标和范围会影响项目的实施过程。同时，项目实施过程中所使用的系统和环境也会对项目的结果产生影响。

5）制作体验地图和服务蓝图，寻找机会

体验地图产品体验设计最常用的工具，可以帮助我们快速找到用户的痛点和机会点。

这里需要提到的是，服务蓝图也是我们线上和线下必不可少的体验工具，可以让我们快速了解线上和线下的运作方式，快速了解系统扭转流程，更方便洞察体验的断点，从而进行优化。

以合格投资者的方案举例，在进行用户调研后，我们发现用户主要通过顾问了解合格投资者认证。但在制作服务蓝图的过程中，发现线上和线下的进行在认证前和认证中的环节有断点，于是我们补充了投顾触达用户的这条链路。

6）线上和线下联动方案的产出

在明确线上场景和线下场景需要优化的地方后，我们可以将关键节点的线上和线下场景分别进行设计。

在设计过程中，若遇上多种方案不知道如何决策的情况，这里有几点建议。

（1）确保和前期分析的设计目标一致；

（2）利用杠杆原理，尽量用小成本撬动大成果；

（3）细节地方不必过于纠结，迅速上线验证迭代。

7）交付—数据验证和后续迭代

在互联网设计中，初版方案的完成并不代表项目的结束。事实上，后续迭代是一个非常重要的环节。功能上线后，我们需要根据用户反馈和数据跟踪，对系统进行持续改进和优化，不断往产品目标和设计目标推进。

迭代过程中若需通过不断A/B测验证结论，切记遵从测试顺序，控制变量，保证数据结果的有效性。

5. 结语

设计思路大多是相通的，无论是增长体系，还是线上和线下串联的服务思路，都是提升产品体验的基础方法。这些设计思路不仅适用于金融理财领域，也可用于各种产品体验设计领域，可以帮助我们更好地为用户提供优质的产品体验。

 王吉欣

金腾科技高级产品体验设计师。毕业后一直从事互联网体验设计，在腾讯负责某款上亿日活产品的交互设计，伴随项目整个发展周期，做到行业第一，拿到腾讯名品堂奖。

随后转至腾讯金融，参与腾讯和某头部券商的合资项目。现任金腾科技C端体验设计的关键人，专注助力财富管理行业的数字转型。参与了微信内尊享版从0到1的平台功能搭建，以及后续的所有体验升级。围绕用户的生命周期，分析和深入挖掘他们的需求，设计了线上线下的体验联动，创造服务创新型的金融科技体验。

为什么是"框"一下? 又为什么是"AI 魔法框"? "AI 魔法框"将带来哪些改变?

1. UI 设计师会被 AI 取代吗?

1)将 UI 设计看作从"意图"到"呈现"

如何定义 UI 设计这份工作? 我试图先将生产关系简化为从"意图"到"呈现"的过程。

UI 设计师工作的上游大多是产品经理。产品经理通过产品需求文档将业务的意图叙述出来,进而设计师再去理解这些意图,并将意图呈现在屏幕上。

最终呈现出来的,是一些专业的、面向用户的可交互界面。可以说,在屏幕界面这个介质下,UI 设计师其实是向用户呈现业务意图最直接、最重要的角色。

PM:"照着我的 PRD 上色吧。"　　运营:"把这个按钮搞成大红色,搞大点。"

设计负责人:"说过多少次要符合规范,你这个没按规范来。"

老板:"这界面感觉上就不太对。能不能搞个五彩斑斓的黑?"

设计师可能在日常工作中接收到的"意图"

以上这些"意图",每一条都可能让设计师感受到"被冒犯"。我认为这些话之所以让设计师们不舒服,共同特点是"过分简单化了设计师对意图呈现的工作"。

设计师既不是"上色的美工",也不是被运营随意指挥的角色。但他们确实又要接受来自各方繁杂的业务意图,甚至最终要把这些模糊的意图呈现完美。

2）优秀的设计师都是"五边形战士"

我认为在呈现这些业务意图的工作中，设计师是全能的五边形战士，需要具备不同维度的能力。这些能力包括理解业务、用户和场景等信息的能力，也包括设计相关的专业能力，如设计系统、交互界面设计原则等。

设计师呈现意图

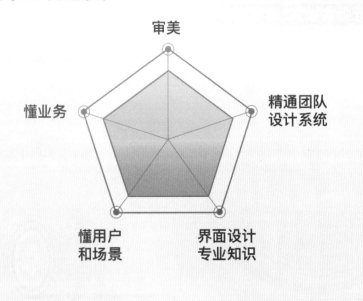

优秀设计师需要具备的能力是多维的

除此之外，还有一个更高的能力要求——设计师需要懂得美。

一个优秀的设计师会理解：运营的"意图"中又红又大的按钮，实际对应的是业务的点击率；而老板要的也不一定是五彩斑斓的黑，老板实际要的是美。

那试试让 AI 也具备这些能力呢？这时候会发现一些困难。

例如理解业务、用户、场景等，这些都包含了极其复杂的信息，这些信息随着组织的业务发展日新月异，还夹杂着噪声。我们先不论是否能具象地向 AI 描述清楚这些信息，对组织而言，能将这些信息显性化并让每个人理解，就是很大的挑战。

同时，大家都赞同设计需要懂"审美"，而"什么是美"本身是一个难以被准确定义的哲学问题。AI 尽管也能创造一些美，但"美"的本质更关乎人的主观意识。AI 在这件事情上有一些永远无法触碰的边界，不该由它来替代人去完成。

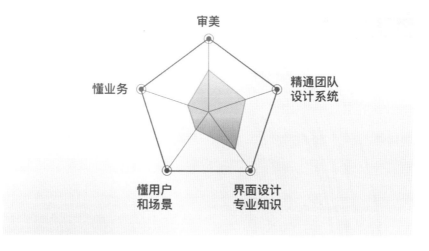

试图让 AI 来替代设计师的能力

基于以上几点，我认为 AI 完全替代设计师在短期内是很难的。

3）替代"为时尚早"，但 AI 能在特定场景发挥价值

虽然 AI 难以掌握并替代人的所有能力，但也并不妨碍 AI 能在某些能力上学习得不错，且能在特定的场景下发挥价值。

Motiff 的"AI 设计系统"和"AI 布局"尝试让 AI 掌握设计师的部分能力，从而解决特定范围内的问题。

"AI 设计系统"与"AI 布局"能帮助设计师解决特定场景的问题

"AI 设计系统"让 AI 帮助设计师把过往所有界面中的组件和样式提取出来，这样团队就不需要再花费时间做烦琐的整理工作。

"AI 布局"让 AI 来完成复杂图层的"结构化"工作，从而使设计师无需进行烦琐设置就能轻松地结构化调整页面的布局。

2. 为什么是"AI 魔法框"？

以上两个 AI 应用在设计师的痛点场景下被自然地探索出来，且发挥了价值。但这类"针对问题找解决方式"的 AI 设计思路始终让 Motiff 团队没有那么兴奋。

是否会有更加颠覆的方式，让 AI 更多地参与到设计环节中？

1）由 AI 工程看"意图"到"呈现"

回到最初的从"意图"到"呈现"这个过程，除了设计师，我们还期望让 AI 也参与到这个过程。

首先，把这个问题转变为一个 AI 工程问题。

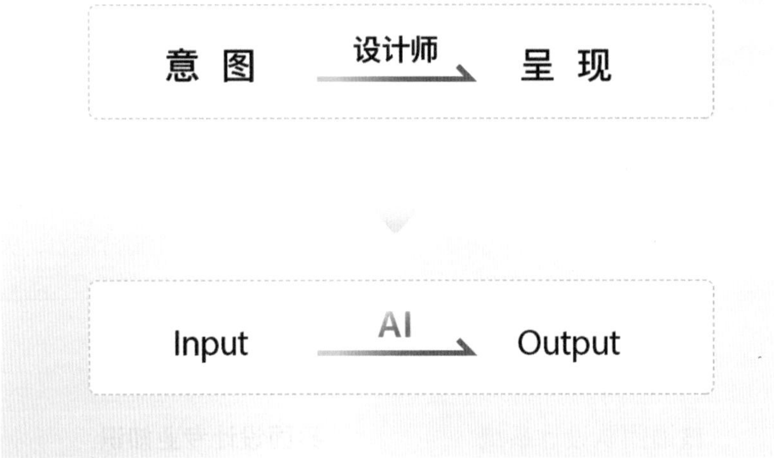

我们将"意图"看作"Input"，即输入，设计者将期望表达的意图输入给 AI；同时，将"呈现"看作"Output"，即输出，设计者期望输出的是专业产品界面。

"Input"可能包含复杂的信息，AI 需要具备设计师的部分能力才能处理这些信息。

2）艺术创作伴随随机，UI 则需精确

再来看看"Output"。

UI 工作和我们所认知的艺术创作截然不同。艺术创作从不排斥随机性，甚至随机常常造就了艺术价值。而 UI 设计是产品工程的一环，工程是基于用户和商业来精密设计的。它天然需要具备一个基础条件：精确。

例如，下图中的左侧画面，我们并不用过多控制画面的细节而重在表意。然而右侧的UI界面，我们则需要相对精确地确认每一个元素，及其对应的功能摆放在什么位置，功能在对应位置产生的作用也是明确的。

艺术伴随了随机，而 UI 设计则需要精确

我们希望 Output 是"精确"的。

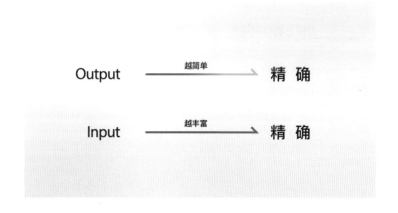

让 Output 变得精确的"简单"道理

让 Output 变得精确这件事，有一个非常直观，甚至有点"无脑"的道理：当你需要的 Output 越少，或是范围越窄时，越容易获得精确。

这里也顺便对应了另一个直观的道理：Input 的参数越多，或者说越丰富，则 Output 越可能精确。

3）极限思维：极多 Input → 极少 Output

那有没有一个例子是 Input 的信息非常非常多，而 Output 的信息极窄呢？

这样的例子无处不在。

例如在日常的工作中画一个矩形，看起来没那么复杂，在 x 轴、y 轴上有对应的坐标；这个矩形有宽和高，颜色稍复杂，可能是一个角度的渐变，描边模式不是连续的而是断点的。

在一拖一拽和设置的过程中，其实 Input 了很多信息，但最终的 Output 却是非常确定的，就是这样一个炫彩的、带有虚线边，并出现在确定位置的框。

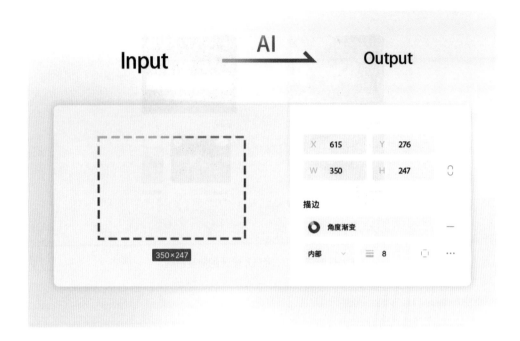

页面上看似简单的"框"，其实包含了很多信息

这不需要 AI 来实现，但如果向 AI 口述这些 Input 参数，AI 容易精确地完成。

4）反过来看：极少 Input → 极多 Output

反向思维一下，有没有可能在这个领域，会有一种场景是 Input 极少、极窄，而 Output 极多呢？

有，而且它非常自然。

在 Midjourney 这类产品出现之后，我想很多 UI 设计师会思考一个问题，"能不能输入一句话就生成一个 UI 界面？"

这是一个非常直觉的联想，例如下图中的这个需求。

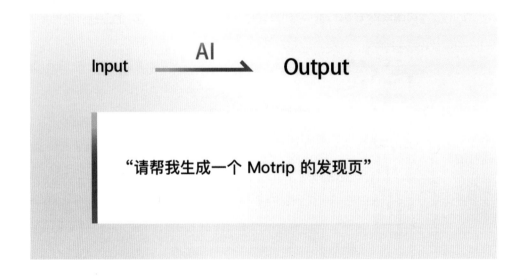

这个应用看起来非常酷，但仔细想想似乎也有不少问题。

仅凭这一句描述，先不说 AI，如果让每位设计师分头完成，就会发现可能需要更多信息，或者设计师们极有可能呈现出完全不同的页面。

这也表明了一个问题：当 Input 的信息不足时，我们会不断期望给到更多的 Input，如果输入一句话不够，那就输入三句话、八句话、一段话。

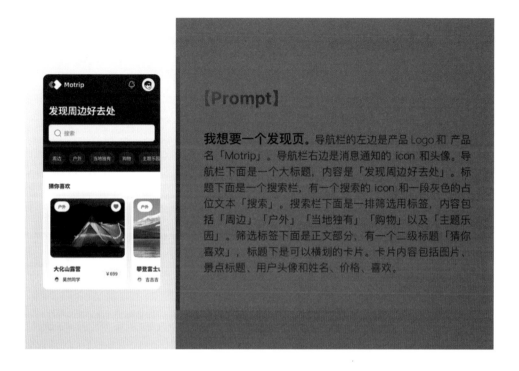

试着用"简单"的自然语言来完整描述一个 UI 界面

事实上，ChatGPT 4.0 有一个非常大的更新，就是它单次会话中输入的"token"值大概是 3.5 版本的 7 倍，意味着如果原来上限只能说 3 句话，那现在可以说 20 句话。

可见，在自然语言的意图输入时，希望输入更多、更精准的信息给 AI，从而让它帮忙解决问题确实是一个本能诉求。

但看着密密麻麻的文字叙述，也伴随一个问题：为了生成一个精确的页面，我们真的需要借助如此复杂的描述吗？

5）向 AI 表达意图，不限于自然语言

ChatGPT 让我们"大受震撼"的同时，也给我们带来了在产品设计中的思维惯性。

当设计师和产品经理在讨论方案时，如果大家只能用口，而不能用手（写写画画），是不是交流起来会非常费劲？

实际上 Midjourney 的图生图已经给了我们一些启发。我们不仅可以通过自然语言，还可以通过绘制的方式，更高效地向 AI 表达意图。

简单地画一些线框，本身就是一种高效的表达方式。

6）导入 PRD，AI 生成 UI 稿？

进一步来说，我们能不能给 AI 更多的信息呢？例如，我在猿辅导设计了一个初中数学的选课页面，之后要去新设计一个高中语文的选课页面时，AI 是否能理解我需要延续之前的设计风格呢？

其实是可以的，可以把设计系统输入给 AI，让它学习。

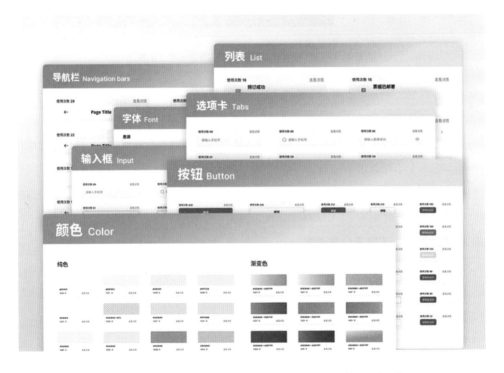

把足够多设计系统输入给 AI，让 AI 理解、组织以往的设计风格

再进一步来说，如果 AI 能够学会设计系统，有没有一种方法是把产品原型交给 AI，然后 AI 直接生成对应的 UI 界面呢？

这会是一个很酷的应用。Motiff 早期曾探索过这个方向，但发现很难在短时间内达到生产环境可用的效果。我们也从中收获了一些新的认知。

对比下面两张图片，大家会发现最终的 UI 呈现并不是简单的上色和排列组合工作。例如，左上角的 Logo 在产品原型中只是用文字释义，但最终的呈现是图形，除非设置清楚规则，否则 AI 并不容易作这样的转化判断。

同时，一个完整的 UI 界面，往往由很多的原子、分子级的组件组合而成。每一个组件，如果能达到 90% 的准召率，那么当多个组件累积到一个页面生成时，两个组件的累积准召率就变成了 80%，三个就变成了 70%，五个可能就不及格。界面最终的呈现结果可能会与我们的预期相差甚远。

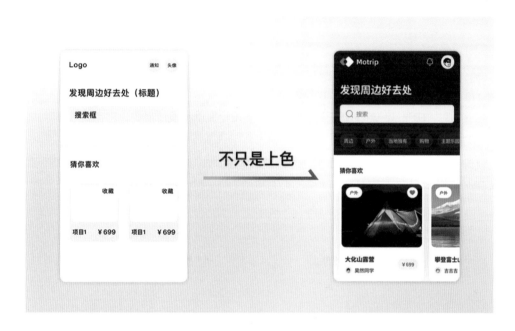

从产品原型文档（PRD）到 UI 设计稿，不仅仅只有"上色"的工作，页面中每一个组件在生成中带来的偏差会累积为更大的偏差

AI 并非不能生成完整的界面，但生成后人工需要去修改这个界面，修改和调整所花费的时间甚至大于重构一套。

7）一种可能性：相遇在一个"框"

有没有什么解决方案呢？

一方面，当 Output 是一个完整的界面但准确率不够时，我们就试图让 Output 少一点；另一方面，Input 不仅仅是自然语言，也可以通过绘制的方式描述。

同时考虑两个方面就会发现，这个问题似乎不再是一个单线程的演绎问题，而变成了一个双向的相遇问题。

最终会相遇在哪里？我们发现，它好像会相遇在一个"框"。

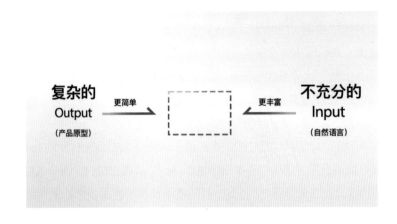

双向推演让 Output 更精确，相遇在一个"框"

为什么是一个框？

当设计师通过框选来表达意图时，AI 能够通过这个框的大小、位置关系来解析设计师的意图，从而给设计师提供可能想要创作的东西。

与此同时，由于 AI 能够学习设计师过往所有设计文件和设计系统，它会变成一个"懂设计系统的框"。

就像下图中的这个区域，只需要一个自然的框选，AI 大概率就能预测出我们在这里想要表达什么。

在界面特定位置画一个"框"来表达意图

这个可能面向"未来"的设计新方式让 Motiff 整个团队都为之振奋，我们期望尽快探索出有效的应用场景。最初整个团队也不知道这个功能到底应该叫什么，很长一段时间，它的名字叫"新交互"。我们都认为，这种符合设计师直觉的、原始的框选式"新交互"将会给设计领域带来一些不一样的体验。

直到最后，我们发现了一些可行的场景，觉得它或许该有名字了，于是，它被赋予了一个名字：AI 魔法框。

3. AI 魔法框可能带来哪些设计方式改变?

接下来，展示一些我们所验证的魔法框能力。

1) 召唤组件

魔法框具备更快帮助设计师引用组件的能力。当框一下的意图出现在对应区域时，它产生了一种新的引用组件的方式。

这些组件不仅可以来自组件库，也可以是 AI 学习了符合规范的设计文件后匹配出的可能可以被复用的控件。

2）替换组件文本

很自然的，如果能成功引用组件，还可以通过框选结合进一步的文字输入，快速替换如"Button""Tag"这些组件上的文本样式，一次到位。

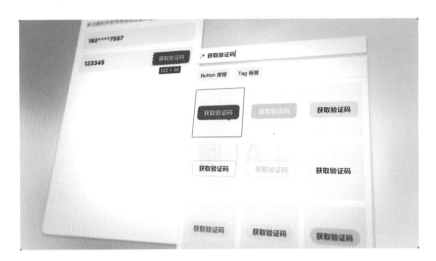

3）召唤文本

通过魔法框输入的文本也同样带有魔法。在已知用户输入的文字内容和大致区域的情况下，AI 可以综合判断这个文本对应的样式。

例如某段文字，与之更匹配的是一个标题文字，还是叙述文字，或者它和历史中哪个文字样式更为接近。这样，文字的样式就自动匹配上了。

4）布局一步到位

当魔法框的意图在页面展现、组件和文字被最终选用后，由于 AI 已经具备理解团队设计系统的能力，因此它就能自然地让这个组件或样式摆放在界面中合适的位置。

当 AI 完成对齐布局等操作后，大部分情况下，就不需要设计师再次调整了。

当然，AI 魔法框要实现真正的"好用"，需要在算法层面有更好的准确率和召回率，同时非常考验产品设计能力——如何让设计师"更顺手"，在各种场景下都能获得良好的使用体验。虽然它并非是"万灵药"，但 AI 魔法框所验证的一些使用场景，在设计师的日常提效工作中已足以让人兴奋。

Motiff 目前也正在投入更多的精力，来不断细化这个功能，以保证 AI 与设计师在不同场景下都能顺畅交互。（注：AI 魔法框目前开放了试验室的测试功能，预计在今年能够真正地投入到生产环境中。）

以上便是 Motiff 在探索 AI 功能中的一些思考。

我们认为，AI 并不会取代设计师，而是一种驱动人与 AI 共同协作的新方式。我们期待 AI 为人节省出更多时间，让设计师设计更美的世界。毕竟，这个世界要的不是更快，而是更美和更好。

最后，诚挚地邀请各位设计师朋友来试用 Motiff，和我们共同探索 AI 在 UI 领域的无限可能。

张昊然

Motiff运营副总裁，曾任斑马增长方向负责人、素质科目产品负责人，带队打造出斑马百科等多款知名产品。他曾是儿童数字内容行业领先者"斑马App"早期产品经理，对AI产品设计研发流程有深刻理解，还带队打造了中国首个少儿3D互动百科数字内容"斑马百科"，2022年加入Motiff，期望延展在AI产品领域的设计和增长经验，用AI驱动设计行业生产力，让设计师跳出烦琐工作，回归设计本身。

在传统的金融服务领域，大家都在探索如何引入和构建多模态交互让金融服务体验更好，使用金融服务的过程更简单、自然。伴随着人工智能的快速发展，数字化、智能化的科技手段不断帮助人们提高便利性，银行业越来越重视线上体验，集合众多服务于线上，打造手机银行、网银等客户触点。但是银行业务有其复杂特性，导致服务体验并非最佳，数字银行需要构建区别于传统银行的全新体验模式。

对于小微用户而言，他们普遍缺乏金融相关知识，面对金融服务时普遍存在不理解、不会操作等问题。

上述种种难题，设计师可以通过认知降负、化繁为简等方法，结合新的交互方式，升级一系列以设计驱动构建数字银行的新型体验模式。

1. 什么是多模态？

"模态"（Modality）是德国物理学家和生物学家赫姆霍兹（Helmholtz）提出的一种生物学概念，即生物凭借感知器官与经验来接受信息的通道。如人类有视觉、听觉、触觉、味觉和嗅觉模态。多模态是指将多种感官进行融合。

多模态交互，是指通过声音、肢体语言、信息载体（文字、图片、音频、视频）、环境等多个通道与计算机进行交流，充分模拟人与人之间的交互方式。五种感官接受外部信息的有效性比例大概为，视觉83%，听觉11%，嗅觉3.5%，触觉1.5%，味觉1%。那么，在设计上，想要有效调动多感官通道，就需要设计师在框架层、内容层、感知层进行更立体的设计组织。

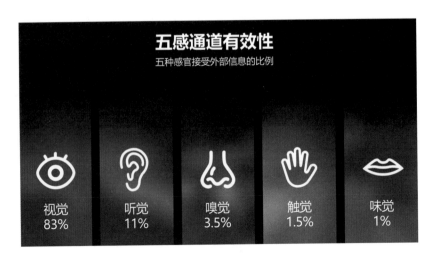

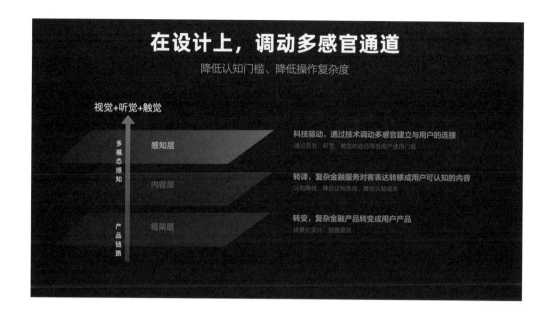

2. 多模态设计方法

　　单一可视化图形体验设计，是人机交互（human-computer interaction，HCI）的基本形态，随着人工智能的发展，设计拥有了更为广阔的空间，人机交互体验设计更加丰富。

　　多模态设计方法，是基于HII（human-intelligence interaction）思考模式基础上生长出来的体验设计方法，总共分为4个部分：场景（识别场景）、感知（感知行为）、理解（理解问题/困难）、交互（激活感官通道、创新交互体验形态）。设计师需要将原有的产品界面流程链路，进行体验重构，升级为更先进的多种模态交互模式。设计师在设计维度上，拓展了更多的设计空间，如声音设计、震动设计、视觉引导设计、AR设计、数字人设计等。

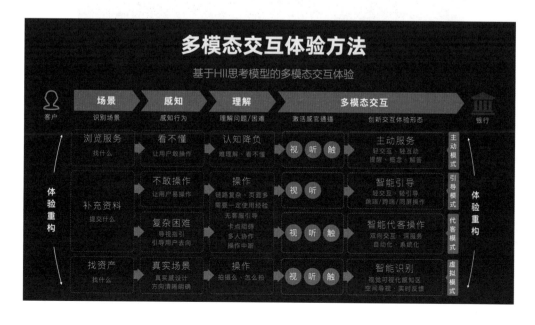

3. 体验设计重构

依托于科技研发能力，将科技力转换为简单直观的客户体验。客户在银行办理业务的流程，升级为简单、直接、高效的新流程模式。

（1）认知与理解：认知有阻碍，通过主动服务模式，轻交互、轻互动的方式，在关键触点、节点对客户进行专业词汇的解释；

（2）跳端跨端操作：客户在跨端跳端操作过程中，会遇到记忆成本高、操作链路长、遇到突发问题不知如何继续进行下去等各类问题，通过智能引导模式，以可交互式引导客户一步一步完成操作，通过声音引导，覆盖老年客户，通过直观可视化的视频内容让客户对应操作内容。

（3）极复杂流程：在更加复杂的企业场景中，多角色协同操作授权等工作，跨端同屏协同让多人协作更加高效；客户在极其复杂的流程中，操作完成多任务时，通过自动代客模式，帮助客户完成任务，授权核身由客户完成，并在之前告知客户自动化代客内容。

（4）真实感强化：在客户所处的经营环境中，有很多非标资产，这些资产没有被形成数据，让客户获得信贷授信，通过启动相机、AR引导客户、虚拟现实结合，让客户清晰明确地知道，拍什么、如何拍、如何完成提交获得信贷额度。在这个过程中，构建真实感设计、明确的引导模式、清晰的动线设计、一整套智能识别设计模式，提升客户完成率。

总之，以往客户提交表单时，会出现流程复杂、分支多、材料不被识别、资产非标无法数字化等各种问题，而在当下，设计师可以基于多模态设计，从多个维度构建多套全新的流程模式与客户生动互动，逐项解决客户的认知、操作阻碍点，将科技力融入到设计"表达"之中，为客户构建全新的体验模式。

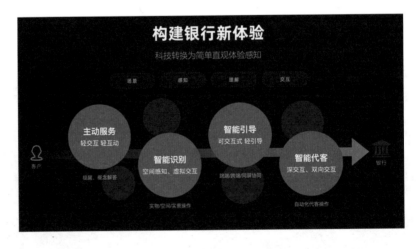

4. 设计应用案例

如何在金融服务场景中构建多模态设计？我们用几个案例来深入分析介绍全新的多模态体验构建过程。

1）圈地自证提额场景

网商银行有经营性农户这类客户，他们日常的工作就是经营耕地、种植经济作物，以提高收入。例如他们种植了200亩苹果树，需要请工人修剪、除害、浇水、采摘等，在这样的经营过程中，会出现资金周转困难的时刻，急需资金用于经营过程周转。网商银行的卫星可以通过光谱识别到该客户种植地块大致的面积和范围。对于经营性农户，他们只需要在手机上用手指圈出种植面积、拍摄作物种类及大小进行验证真实性，完成提交信息就有可能获得贷款额度的提升。

针对以上描述的案例场景，设计师如何构建多模态设计呢？首先我们清楚地知道硬件所具备的技术能力，包括图像识别能力、面积测算能力、验真能力及风控模型等。面对经营性农户，我们需要提供一套简单、便捷的交互体验，让他们轻松顺利地完成提交。因此，我们需通过场景、感知、理解、交互这4个阶段，分别拆解设计内容。用种植场景切入、用AR感知空间引导拍摄、构建拍摄动线、增强识别反馈、增加声音及震动等交互方式，构建完整的多模态设计体验。

触达到经营性农户对于金融服务公司来讲，是难事，缺乏有效抵押物等情况普遍存在，如何构建一套简单审批额度机制，实现远程1对1服务，是解决方案的核心目标。

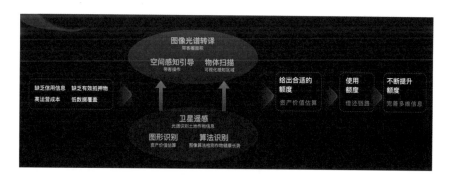

相对于传统表单提交模式，多模态设计会让设计维度丰富且交织，运用好科技力，让科技更好地被"转译"为客户视角语言，提升客户使用体验。

2）拍摄卡车自证提额场景

我们再来看一个相似场景，在经营范畴内，如何识别不同客户的不同资产形态，并且能够基于技术力，构建完整的拍摄自证模式，打造全新的拍摄自证体验。

在启动前，通过场景可视化让客户敢点、敢尝试，让认知降负。在拍摄中，通过AR空间引导客户拍摄动线，通过振动提示客户安全拍摄及拍摄反馈，通过语音交互，模拟客服引导客户完成操作。在拍摄完成后，及时反馈结果。

3）"画中画"引导场景

在手机端，如何帮助客户解决复杂跳端操作，是资料采集最常见的一个场景，核心问题是客户跳端后，大部分停止了操作。那么，如何通过多模态设计提升客户继续操作的意愿及完成率呢？我们可以借助智能设备端自带的功能。

"画中画"在iOS端是默认开启的，在Android端有默认开启/手动开启的选项。"画中画"解决的核心问题是可以多任务同时进行，它本身的组件模块是可以大小变化、内容定制、信息可交互操作的。回归客户问题和场景，我们构建一套多模态设计模式，用陪伴式服务带着客户一步一步完成操作。在过程中，解答客户疑虑和困惑，指引客户根据视频内容一步一步点击操作完成，在需要复制内容时，"画中画"会出现"复制"按钮，复制内容可粘贴在客户操作主界面待填写项中。

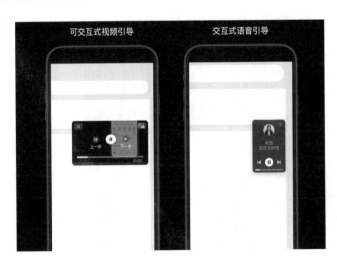

5. 设计杠杆作用

通过设计构建的多模态设计模式，经过不断地测试迭代复用，达到大幅提升转化率目标，最终形成助力业务规模化增长，经过统计，计算衡量设计撬动业务增长的最终商业价值。

6. 小结

最后，在金融服务场景中，我们需要根据实际的具体业务情况，基于基本业务逻辑，寻找改变当下流程转化难点的关键卡点，由此出发寻找更优的体验模式。这就需要从事设计的同学具备思辨精神，不满足于当下的设计，洞见新的机会。在未来，随着人工智能技术的不断发展，设计师应该提前做好知识储备，丰富自身多维能力，为银行金融服务构建更好更智能的服务体验，让金融服务陪伴在客户身边时，客户能够获得及时、简单、安心的体验。

 刘双喜

蚂蚁集团高级体验设计专家。

曾任阿里巴巴1688设计专家，负责商业产品线体验设计，现负责网商银行金融信用设计团队。专注金融服务体验设计，负责了《网商银行智能引导设计》《农村金融信任力设计》等课题，参与了B类体验设计实战《U一点·料——阿里巴巴1688UED体验设计践行之路》的编写及书籍出版工作。

设计理念：希望将复杂金融业务通过设计转译，更好地链接客户，让小微客户看得懂用得好。

07 科技驱动银行体验升级

◎ 刘双喜

助力小微用户享受无微不至的融资服务，帮助5000万小微用户更好地经营，一直是网商银行的使命。我们的客户有三大类：小微企业、个体户、经营性农户。客户"融资难"是主要障碍，在他们的经营、创业支付过程中缺少资金支持。他们的普遍特征是缺少有效抵押物、融资途径少、融资手续烦琐、周期长。

1. 客户融资方式演变

随着互联网的发展，客户融资方式一直在演变，从线下办理融资到线上办理融资，通过PC端、手机端即可办理贷款融资，网商银行推出了310模式，即3分钟申请，1秒钟放款，零人工干预，让客户更加便利地获得融资额度。随着AI的发展，银行金融服务以技术驱动、更智能的方式服务客户完成融资。通过科技智能化与用户连接，更精准地服务客户。

2. 商家经营

商家在经营过程中遇到的核心融资问题，总共有三类：一是金融词汇理解困难、信息看不懂；二是复杂度高、操作阻碍、流程长；三是数字化弱、差异化大、抵押物少。通过科技驱动、智能连接的方法有三种：一是通过主动服务体验解决认知阻碍问题，二是通过跳端跨端体验解决操作繁杂问题，三是通过资产识别体验将非标资产标准化和数字化。

3. 数字银行体验设计方向

基于以上核心问题，我们将数字银行体验设计归纳出4个设计方向。

（1）服务智能化设计：自助服务（主动服务模式）、标准服务（数字柜台服务模式）、核审服务（双向视频模式），构建由轻到深的陪伴服务设计。

（2）资产数字化设计：真实世界资产识别设计、可信要素识别、将非标资产标准化和数字化。

（3）决策提效设计：金融表达要素全链路设计，通过吸引力模型、理解决策模型促点击、沉淀增长框架规模化应用。

（4）AI探索设计：基于交互式风控大模型，通过超级自动化设计降本提效。

1）服务智能化设计

前面提到分为自助服务、标准服务、核审服务，构建三层服务体验新范式，这是我们的思考框架，希望以此分层解决客户自助办理业务的效率问题。

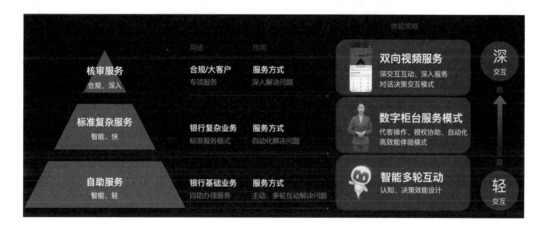

（1）主动服务体验模式。

基于上图的策略框架，我们对客户认知操作类问题进行了象限图归类分析，分为四类：提醒类、操作类、概念类、复杂服务类。通过智能多轮互动，以轻交互方式将提醒类信息告知客户，即看即懂即做，通过轻交互帮助客户理解概念类词汇，通过陪伴交互带客完成操作，通过多轮互动帮助客户完成复杂服务操作。智能多轮互动的关键体验要素是，自然、主动、契合。

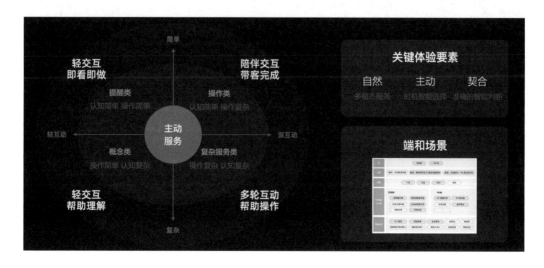

案例示意：在客户看到网商贷首页时，特定时间内唤起服务小助手，轻量化告知客户，用1天算1天利息，提前还款无手续费，解答客户疑虑点。客户借钱页面输入金额后，通过操作唤起小助手，一句式解答先息后本/等额本金的还款方式差别。疫情期间客户资金周转困难，小助手及时提醒客户可以申请延期还款，共渡疫情。通过这种轻量化交互方式，有效降低客诉，促进借款使用。

案例示意：通过多种引导方式，构建跨应用、跨端操作体验，基于客户经营场景、经营角色协同等实际情况，完成主动服务模块设计，定义模块交互及规范。通过服务陪伴引导的构建，提升客户在复杂链路中的流程转化率，让复杂流程操作变得更简单。

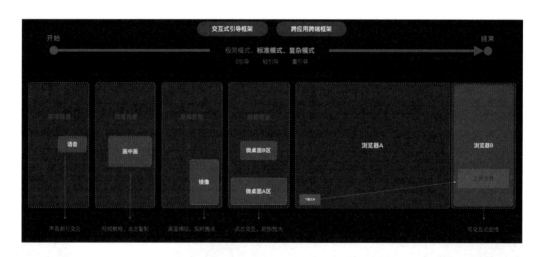

下图案例：展示说明主动服务模块有大小差异、形态差异、交互差异，但通过对屏幕操作区域进行定义，规范化模块的位置及出现/消失机制，可以有效减少对客干扰，客户操作有了辅助和帮助，操作变得简单。

（2）数字柜台服务模式。

设计师在日常工作中，会遇到非常多的复杂链路设计工作，且普遍存在。这些链路设计的最大特征是，客户要经历非常多的页面才能完成提交，对于客户最大的痛点是不理解、复杂，导致客户做一部分后，中断返回。这是设计师日常工作中非常典型的基础体验设计，随着AI人工智能技术的发展，数字员工、数字化服务让流程效率获得很大提升，设计师可以和公司的技术团队进行沟通，通过市面中的典型案例，映射公司内的相似项目，研究如何借助相关技术构造全新的技术+体验升级模式。

在金融服务中，有同样的复杂链路。同样面对客户难操作的一系列痛点问题，我们对客户流程进行了页面级梳理，发现在整个流程中，客户觉得节点只有1～3个，也就是说客户只需要在这1～3个决策环节进行授权、核身等确认动作，其余流程客户认为不需要自己亲力亲为，如需客户授权代客操作最佳。因此我们对基础体验设计进行了升级，探索出代客决策体验模式，简单来说，原方案是客户要一个页面、一个页面操作到最后提交，修正为客户仅点击3次，完成确认动作，其余流程将自动化辅助客户完成。在这个新模式下，体验关键要素围绕智能、便捷、可控进行设计。

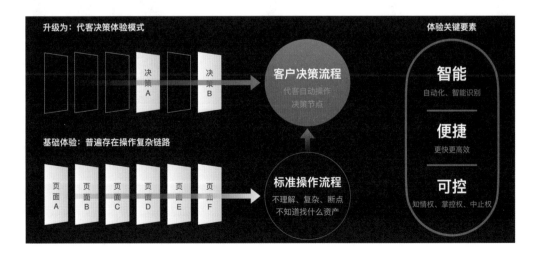

客户自证案例：客户需要上传经营流水提升额度，在代客模式下，客户通过"点击"动作即可完成流水提交，在这个流程中，客户将不再看到繁杂冗余的页面，机器人流程自动化（robotic process automation，RPA）自动帮助客户完成了相关页面信息的跳转及信息填写，而且客户可随时中止操作并返回。

（3）双向视频服务模式。

面向人工审核业务，网商银行没有网点，客户的手机即为"银行网点"，打造可信的柜台交互式服务，深入解决客户问题，是该模式的核心优势。它需要在对客交互中构建多轮交互的授权、采集、凭证提交、信息确认等便捷选择对话模式。

2）资产识别体验设计

小微企业、个体户、经营性农户，在提供了经营流水之后，网商银行会给予他们一定的额度，客户普遍反馈额度不够用，如何采集更多能够证明客户经营能力的信息，帮助他们获得更多额度？他们的经营场所有面积差异、行业差异、地理位置差异、经营品类差异等，依托技术能力，可以更加多方位地增强客户经营能力认知。

对于体验设计而言，我们可以通过技术+新交互体验，让小微客户易理解、敢操作、好操作、易获得融资额度。在设计中，我们可以通过真实感、智能引导、多模态反馈、实时交互等方式构建智能资产识别体验。

让非标资产标准化、数字化，成为可信凭证，在体验设计中需要注意哪些要素呢？核心关注下图中的5个方面，基于不同的资产形态，构建让用户敢操作、知道如何操作、知道操作结果的资产识别体验。

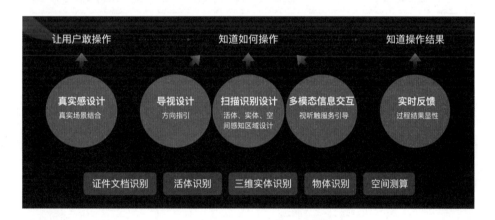

相关案例示意如下图所示。

3）决策效能提升

如何提升客户在界面流程中的点击转化，这也是大部分设计师每天在思考的，相信也都在各自领域沉淀了不少心得和方法。我们基于业务情况，为增强用户在触点—链路—结果页的全流程转化提效，在服务设计表达上构建了客户决策效能提升新模式，通过设计驱动要素，将域内外的认知、行为影响因素分阶段整理，进阶式促点击转化。基于不同的客户，基于不同的要素因子维度，沉淀了有效表达因子库。

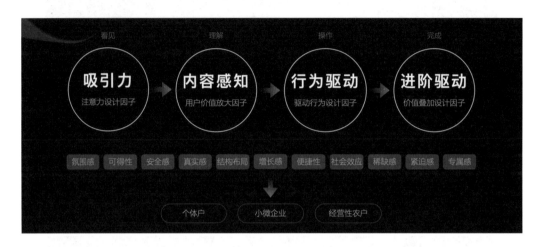

设计师通过调研、业务场景、业务专家经验等不同的方式收集和挖掘有效促点击要素，通过AB试验逐步置信、复用给相关性、相似性强的业务场景，使其产生更大商业转化价值。

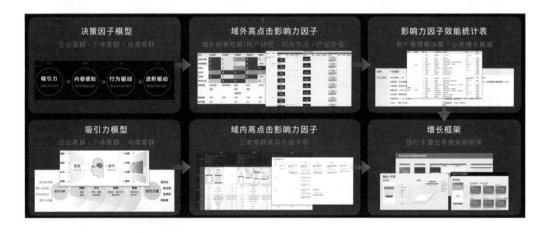

4）AI/AIGC在银行设计中的方向探索

随着互联网的不断普及渗透、人工智能的发展和人工智能在用户侧认知的不断提升，未来会对先进的智能体验更易接受。手机即是网点，银行数字柜台需要有真人服务，不跑网点通过手机柜台办理业务，有人在服务过程中解答问题，帮助客户快速完成资料提交，这应该是一个比较理想的概念。依托网商银行交互式风控大模型，模拟真人交互可以让服务更具信任，服务质量获得提升，超级自动化会让复杂业务变得更简单，非标资产标准化、数字化让客户获得更多融资额度，降低生产成本，提升服务质量，设计可以在当下不断去尝试和突破，做好储备，迎接AI的到来。

4. 小结

AI的到来，让设计师在自身职能边界上不断突破，但是我们仍然需要具备客户同理心，站在客户视角，思考我们的设计是否真正能够解决客户真实场景中的问题，学习及运用好AI，让客户真正感受到科技的魅力，感受到科技带给生活的便利。

 刘双喜

蚂蚁集团高级体验设计专家。

曾任阿里巴巴1688设计专家，负责商业产品线体验设计，现负责网商银行金融信用设计团队。专注金融服务体验设计，负责了《网商银行智能引导设计》《农村金融信任力设计》等课题，参与了B类体验设计实战《U一点·料——阿里巴巴1688UED体验设计践行之路》的编写及书籍出版工作。

设计理念：希望将复杂金融业务通过设计转译，更好地链接客户，让小微客户看得懂用得好。

后增长时代的设计变革之路：
精细化思维与实践

◎ 张日华

在已经过去的前增长时代，设计师们已经在实践中积累了丰富的经验，并在这个过程中取得了巨大的成功。而现在我们已经步入了后增长时代。与前增长时代相比，我们面临着更多的挑战：设计手段的创新和增长乏力已经成为设计师们工作中必须应对的问题。这些挑战不仅给设计师们的工作带来了新的考验，同时也带来了新的机会。在这个新的时代里，设计师们需要在思维上作出转变。本篇文章，我们将会探讨后增长时代下设计思维的转变和设计策略的创新框架。具体而言，我们将介绍精细化思路及其具体落地案例。

增长设计武器库

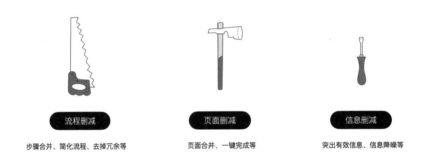

"增长设计"这个概念提出已经有很久了，早在 2016 年，《增长黑客》这本书的发行对行业影响深刻，从可口可乐公司设置首席增长官开始，大家对于用户增长这件事情变得非常关注。当然也包括设计师，所以很快在设计的领域也出现了"增长设计"这样的概念。盘点初期的增长方法论和当时的案例，我们总结初期的增长设计武器库主要有以下三个方法：第一是流程删减，就像是一把大的锯子一样，把冗余的流程去掉，保证正向流程的顺畅；第二是页面删减，像一把小斧子，如做一些页面的简化或合并，一键完成操作等，让用户简化操作；第三是信息删减，就是像一个雕刻刀一样，如进行信息降噪这样的优化手段，让用户界面精简。在增长时代的初期使用这些武器，设计师们获得了非常大的成效，增长效果明显，数据成倍翻升。但是随着时间的推移、经济形式的变化，互联网深化到各个领域之后，我们遇到了增长的瓶颈。继续使用这种传统的增长手段，优化效果已经不再明显了，对于这种情况设计师该如何破局呢？

1. 精细化思维

当很多行业的流程固化下来了，已经简得不能再减了，用户也都形成了行为习惯，过于大的变动或者新奇的方式，会带来很高的用户教育成本，还不能保证数据会增长的效果。所以我们需要向更加精细化的方向去思考。从目标去拆解，再拆分多个方向去细化，以组合拳的方式，产出考虑全面并且细致的设计方案，这就是精细化思维。

例如，界面的表现形式可以拆解为形、色、字、质、动这些方面；而体验设计也可以拆解为可用性、信息与内容、用户参与、时间效率等方面。不同的设计方向可以有不同甚至多样的拆解方法，而拆解出来的每个发力方向，通常还可以再继续细拆。我们以信息与内容这个方向为例，结合落地案例，将精细化设计的思维和方法介绍给大家。

2. EARE 语义效力阶梯

信息与内容当中包含了文案、信息布局等，其中文案语义是重要的一个方面。我们如何对这个语义的部分进行设计优化，从而达到增长的目的呢？

通过研究我们发现，语义是以信息传递为目的的，而在沟通过程中，是存在阶梯的。所以我们总结出了一个通用的框架：EARE语义效力阶梯。这套阶梯自下而上是递进的关系，第一级阶梯是 easy to understand：容易理解；再进阶是 attention-grabbing：引发注意。再往上走就是 receive acceptance：接受认同；最高层就是emotional resonance：情感共鸣。

类比日常沟通，就很容易理解这个阶梯框架：一场良好的沟通基础是要能让对方理解沟通的内容，然后引发对方注意或兴趣，之后进一步形成观念认同，而高级的沟通最终还能达成情感上的共鸣。

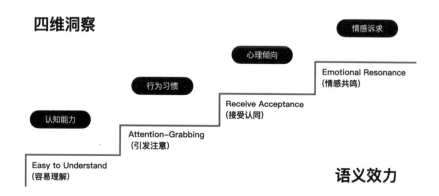

在58到家业务中，有一个B端角色，是给C端用户提供家政服务的"阿姨"。这个群体在整个业务流程中是需要重点沟通的 一个角色，所以我们希望可以从语义方面进行体验优化，从而带动数据增长。我们成立了阿姨语义项目，在项目中我们具体实践了这套方法，运用EARE这个通用模型，拆解了调研阶段的任务，也用它拆解了项目最终的沉淀物，还用它来判断了推进优化的优先级，可以说是贯穿了项目的始终。

1）调研阶段的拆解

在调研阶段按照阶梯去进行拆解，进而分层洞察：对应到第一级阶梯"容易理解"，我们重点调研的是用户的认知能力；而第二阶梯"引发注意"，对应的是阿姨的语言习惯和信息获取习惯；第三级"接受认同"，对应调研阿姨的心理状态、决策倾向，第四级"情感共鸣"，对应调研阿姨的情感诉求。

这些形成了我们对阿姨用户的四维洞察。

（1）认知能力维度。

我们抽取了画像数据，阿姨的画像年龄主要是45~54岁，年龄偏大，而学历分布主要在初中和小学，属于低学历人群。

在可用性测试中，我们有很多关于阿姨认知能力的发现，举两个典型例子：阿姨会遇到识字问题。如"聘"这个字，阿姨是不认识的。怎么读？是什么意思？都不知道。阿姨对数字也不敏感，"10 000"这个数字，阿姨是靠一位一位地去数，才辨别出是1万。

（2）语言习惯和信息获取习惯维度。

从阿姨简历数据中我们获知，阿姨群体的工作经验大部分集中在1~4年。而在与阿姨的一对一访谈中，我们发现阿姨可以很熟练地说出很多专业词汇。如"护老"这个词，是照顾老人+护工的工作内容简称，阿姨虽然学历不高，但是不影响她们使用专业词汇。

（3）心理状态、决策倾向维度。

通过线下访谈，我们探寻阿姨的心理状态，有些甚至是超出我们的想象的。如我们发现：阿姨跟客户相处得十分融洽是阿姨们最自豪的事情。阿姨会眉飞色舞地描绘，与客户一家人出去旅游的情景。阿姨的自我定位非常清晰。我们把不同价格的客户订单放在一起，阿姨并不会被高额薪资吸引，只会去寻找属于自己心理预期的订单。因为阿姨认为，同样工作内容的订单，如果薪资高，说明客户家可能会有更多要求，所以并不会更多关注高工资的订单。

（4）情感诉求维度。

在B端的App上有一个用户数据引起我们的注意，通过实时地理位置和阿姨们籍贯地址的比对，我们发现阿姨们大部分处于背井离乡的状态。而从过年期间的数据我们可以了解到，很多阿姨为了能保住工作，选择放弃在过年期间与家人团聚。在数据调研的基础上，我们也通过多次深入访谈，进行挖掘，发现阿姨在客户家中的地位普遍是比较低的。有的客户会要求比较多，有的客户甚至会去检查阿姨的行李。

那么在深入了解了阿姨这个群体之后，我们需要怎样去优化我们的语义系统，进而带动增长呢？

2）语义项目沉淀物

沉淀语义手册的目的是让我们团队内的设计师同学，在进行文案设计的时候，不再各说各话，方向不一，而是可以方向一致，有规律可循，让语义系统有更高的规范性和一致性。同时将文案的力量串联起来，形成合力，带动增长。

我们再次使用EARE模型对项目《阿姨语义手册》进行结构搭建。

对应到第一级阶梯"容易理解"，我们重点调研的是用户的认知能力，而手册对应要解决的是"可用性问题"，所以第一部分是"基础规范"；第二阶梯"引发注意"对应的是阿姨的语言习惯和信息获取习惯，而手册对应要解决的是"易用性问题"，所以手册第二部分是"文案撰写的原则"；第三级"接受认同"，对应调研阿姨的心理状态、决策倾向，而手册对应要保障的是"文案的有效性"，所以手册第三部分是"文案撰写的策略"，第四级"情感共鸣"，对应调研阿姨的情感诉求，而手册对应要实现的是"与阿姨的链接性"，所以手册第四部分是"文案情感化指南"。

（1）基础规范。

我们以中华人民共和国教育部发布的《扫盲教育课程设置及教学材料编写指导纲要》作为准则，使用其编写的字库（分为高频字、次高频字和非高频字），作为我们文字使用的校准规范。推荐使用高频字库中的文字，对于不在三个字库中的文字，则不建议在语义体系中使用。

另外，我们建立了一个行业词库。通过深入阿姨的工作沟通场景，包括调研微信的接单群等，学习劳动者运营话术和客服话术，进行词频分析，确定出行业词库。

阿姨字库

根据阿姨的识字水平，我们以扫盲课程指导纲要作为准则。

在手册中加入中国教育部印发《扫盲教育课程设置及教学材料编写指导纲要》中的字库。

阿姨字库
高频字592字+次高频358字+非高
频字550字

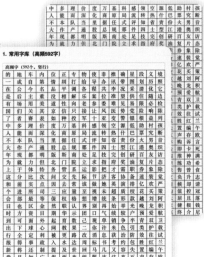

（2）文案撰写的原则。

要让文案易用，我们制订了四个原则：讲明白比简洁更重要；行动按钮增加说明；价值点直观体现；渐进式引导。

因为说明文案核心是要让阿姨能看懂，我们需要使用偏口语化的表达，避免使用过多的书面语。文案讲明白的优先级要高于文案简洁。用实际举例或者带入场景的方式体现价值点，更容易让阿姨理解。说明+行动按钮的方式，对阿姨的行动引导更有效。避免一次给出多个步骤的大段操作说明，阿姨记不住也看不懂，需要引导阿姨逐步完成任务。

（3）文案撰写的策略。

为了让文案有效，我们制订了三个文案策略：实事求是、不夸张、不激进；建立合作关系，站在阿姨的角度沟通；强调核心价值——好客户。

因为脱离现实、过分激进不会吸引阿姨，反而会让阿姨不敢点击。而通过建立合作的关系，站在阿姨角度表述文案，则更容易获得阿姨的认同。我们以为阿姨是来找工作的，其实阿姨是来找客户的，好客户才是阿姨的吸引点。用阿姨真正重视的事情，获得阿姨的关注，才是文案有效的正解。

（4）文案情感化指南。

为了与阿姨建立情感链接，我们通过头脑风暴，发散并聚类出可以与阿姨形成情感共鸣的三条指南，希望通过文案，让阿姨可以感受到：值得信赖、陪伴力和人情味。突出认证、平台资质、真实信息等，从细节之处赢得劳动者的信赖。通过营造成就感、归属感，并增强守护感，来建立陪伴力。通过关心的提醒、温暖的问候，让劳动者感受到平台浓浓的人情味。

让阿姨感受到_____

3. 获得的成果

  项目落地实践中，我们依据《阿姨语义手册》进行了文案的优化，得到了点击数据的批量提升，其中包括短信文案链接的点击率和App端上的主要操作按钮点击率等，最高的一个增长达到了78.15%。改动这些文案的成本非常小，但却可以获得可观的数据提升，这是一件投资回报率（ROI）非常高的事情，而且不同角色都能参与进来，贡献一份力量。

增长数据成果

4. 结语

  精细化思维的设计实践还在继续，我们还将探索更多维度的精细化设计。我们相信，通过设计师们的共同努力，设计会越来越细腻，越来越沁人心脾，并同时获得商业上的巨大成功，收获更多的增长。

张日华

58同城体验设计专家，11年设计工作经验，曾任字节跳动产品设计专家，宜人UGD创始团队成员。拥有亿级用户基数的产品设计经验以及0到1创新类设计实践，目前负责58UXD体验管理和58到家B端业务。曾主导过多个高价值设计项目，如GPL增长组建库项目等。在增长设计领域深耕多年，在设计方法论建设方面也有丰富经验。

设计理念：设计需以目标引领，在不断探索和创新中寻找最优解。

MIUI 国际主题商店的设计与实践

◎ 成娅楠

在过去，手机的主屏幕只有几个简单的图标和壁纸可供选择，用户很难在外观上进行个性化的设计。然而，随着互联网的发展和智能手机功能的不断升级，各种应用程序和功能在增加，人们对于手机桌面的个性化需求也越来越高。

现在，各个 App 也或多或少地都增加了"主题换肤"或者"图标切换"的功能。我们调查发现，用户对于使用频率高的物品是有着强烈个性化需求的。手机个性化现在已经越来越成为手机厂商及用户关注的焦点。

个性化对于厂商的重要性

对于厂商来说，个性化不仅是一种趋势，更是一种策略。厂商提供的个性化选项，不仅增强了用户的忠诚度，还提高了他们的满意度。同时也使厂商在竞争中更具优势。

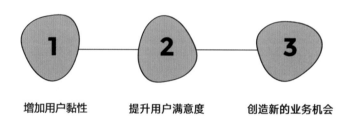

厂商视角下，个性化的重要性

用户视角下，个性化的重要性

在用户视角下，每个人都有自己的风格和品味。手机作为我们每天使用频率最高的物品之一，个性化的设置，不仅可以展示自己的品味，还可以提升设备整体的使用体验。

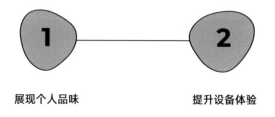

用户视角下，个性化的重要性

小米主题商店的发展里程碑

小米是最早做主题的手机厂商，早期的百变主题是 MIUI（小米公司旗下手机操作系统）的一大特色，当时 MIUI 把系统界面个性化定制的自由度做到了极致，让发烧友和用户们玩得过瘾并津津乐道，甚至想到 MIUI 就能想到主题。这一个性化的创新让当时的 MIUI 拥有了令人艳羡的良好口碑，凭借着这样的口碑，MIUI 的用户规模和影响力与日俱增。

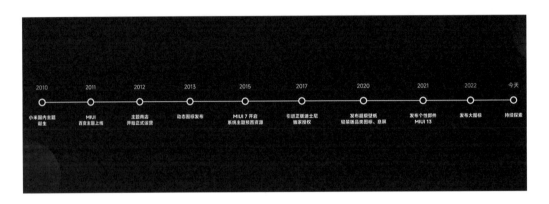

2010 年，随着第一款小米手机的上市，个性化就成为了 MIUI 的核心亮点。

当时在米粉群收获了大量的好评，个性化主题也升级成了主题商店 App，并通过主题大赛开始逐步建立设计师生态。后面的发展，主题商店都在朝着"更丰富的内容""更深的定制""更多知名的 IP"方向进行迭代。

小米与全球用户的个性化需求

近年来，"出海"成为众多国内企业的核心战略。小米最初从新加坡市场起步，然后向印度、欧美国家等市场逐步扩展，现已成为全球手机出货量第三的品牌。

随着全球影响力的不断增长，我们也将主题个性化带到国际市场，这不仅延续了小米个性化的亮点，也是对全球用户文化和审美的尊重。

当一个产品从国内市场走向国际市场，单纯用策略变化，或者视觉的变化来概括是不够的。国际化的背景下，更多的是文化和习惯的融合。如何确保我们的产品设计既具有国际化的视野，又能满足各地用户的个性化需求呢？如果用一句话来描述国际化背景下我们体验设计的任务，那就是"创造在全球范围内可用、相关且一致的体验"。简单来讲，就是无论用户来自哪里，他们都能够得到与本地用户相同的高质量体验。

国际化设计三部曲

在全球化的今天，用户的期望也在不断提高。他们希望产品不仅仅可以读懂、看懂，也希望产品能真正地理解和适应他们的文化和习惯。

MIUI国际主题已经覆盖228个国家，在海外超过3.7亿MIUI用户主屏幕的核心位置进行了预置。怎么让我们的设计在不同语言、不同文化的背景下都能够被正确且有效地使用和接受是我们面临的挑战和任务。

下图中展示的是我们从经验中总结的三个可以提前规避大多数问题的关键点，我们称之为"国际化设计的三部曲。"

从源头开始，构建友好的翻译内容

世界上大约有200个国家和6500种语言。不同的地区有着不同的语言习惯。这是国际知名语言服务咨询机构CSA Research长期发布的"无法阅读，不会购买"（CRWB）系列调查报告，他们发现人们普遍对本地语言和本地化有强烈的偏好，即使这会增加使用者的成本。

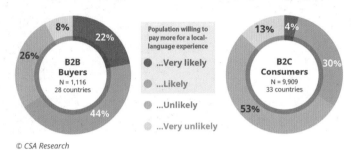

对于国际化来说，翻译占据着核心地位；对于设计来说，翻译确保了设计的全球共鸣，使得原始的设计在不同文化和语境中得到恰当的呈现。只有当翻译与设计紧密结合，产品才能在全球市场中获得真正的成功。

保持内容简洁、清晰

作为设计师的我们在构建友好翻译内容的时候，首要的目标是确保文本的正确。通常我们的页面中会包含很多文本，下图是一条主题推送文案，产品通常会用可爱的、刺激性的话语来吸引用户。但是加工后的话术是不利于多语言翻译的。使文案尽量简洁才能更易于理解，此外还能确保原本的意图和信息在被翻译成其他语言时，都能被准确传达。

翻译——保持文案清晰、简洁

使用正确的日期格式

数字和货币的表示在不同的文化和地区也有所不同。在用户切换语言/地区时，相应的日期及时间格式如果不随之转换，就有可能给相关国家和地区的用户造成困扰。

例如只显示两位数年份时，显示为"09/10/11"的日期在中国会被认为是"09年10月11日"，在美国会被认为是"11年9月10日"，而在英国则会被认为是"11年10月9日"。

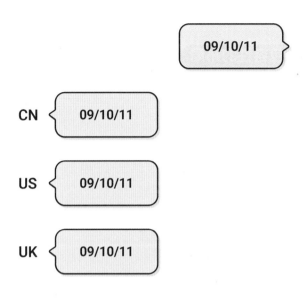

翻译——使用正确的日期格式

使用正确的货币格式

如果产品需要使用国际支付方式，就需要多注意货币格式。错误的货币格式非常致命，在本地化产品中，货币格式需要注意：货币本身、该货币使用的地区，以及货币对应的语言。

在书写时，需要确保格式在不同的地区都能被理解。正确的格式不仅能增强用户体验，还能避免可能的误解。

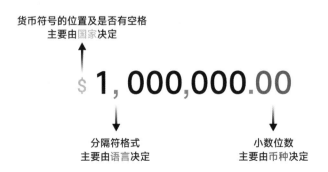

翻译——使用正确的货币格式

避免使用口语及缩写

通常来说，能将口语或者缩写做到被所有人理解是不容易的，所以我们应当尽量避免使用口语及缩写，让我们的产品理解起来更轻松。

从结构出发，打造包容性的布局

不同的语言在进行切换时，文案的长度是动态的，因此多语言界面的布局规则也应该是更具包容性的。

下图是一段中文文本，把这句话翻译成英语和泰语后，我们发现同一内容的文本出现了长度差异、密度差异，以及阅读顺序的差异。所以相对于中文产品的布局，国际化产品需要更包容的框架才有可能提前规避多语言的落地问题。

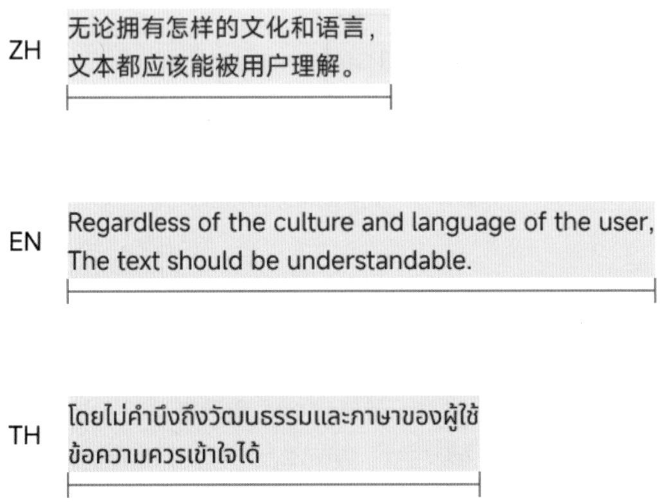

ZH　无论拥有怎样的文化和语言，文本都应该能被用户理解。

EN　Regardless of the culture and language of the user, The text should be understandable.

TH　โดยไม่คำนึงถึงวัฒนธรรมและภาษาของผู้ใช้ ข้อความควรเข้าใจได้

多语言需要有更包容性的布局

给更长的翻译文本预留空间

普遍情况下，将中文翻译成多语言，会出现文本长度大于中文场景的文本长度，尽管我们已经在用英文来还原设计图，但仍需要考虑预留更多文本空间，通过布局的包容性来保证信息露出的有效性。

布局包容性，是指在元素、组件、模块等设计中，进行弹性的设计考量，通过合理的布局来处理极多或极少内容的情况。我们在工作中拿到中文原型后，通常采用英文来实现设计图，但为了组件的包容性，还会用俄语、孟加拉语等长文本的语种来进行空间测试，并且也会考虑西语环境下图标和框架的包容性。

| 原型 | 设计图 | 最大布局 | 镜像布局 |

布局——给更长的翻译文本预留空间

设计时，在保证可读性与层级的前提下，我们选择在文案超出最大限制时去减小字号来提高字符承载能力。

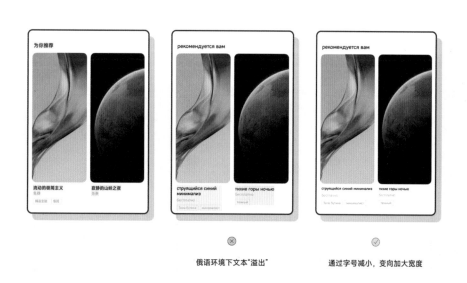

俄语环境下文本"溢出"　　　通过字号减小，变向加大宽度

我们通过人因实验对多设备移动端用户可接受的最小字号进行了测试，实验结果显示字号低于 11dp 时，用户辨别字形的难度明显增加，浏览意愿和正确辨别字形的能力明显下降。

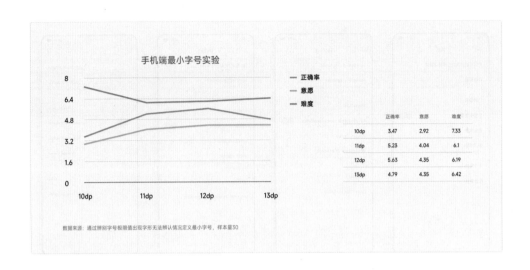

手机端最小字号实验

	正确率	意愿	难度
10dp	3.47	2.92	7.33
11dp	5.23	4.04	6.1
12dp	5.63	4.35	6.19
13dp	4.79	4.35	6.42

数据来源：通过辨别字号极限值出现字形无法辨认情况定义最小字号，样本量30

谨慎使用横向排列布局

下图是 MIUI 国际主题个人中心的页面，多列布局是常见的排版类型，中文环境下横向排列既整齐又节省页面布局。但在多语言环境下多类信息在同一水平下横排，就必然会需要分割有限的宽度空间；当分割较多时，单个段落宽度就会变得较小，导致文案溢出。

在多语言环境下，更建议使用上下排列的方式，文本容纳的空间也会更大，换行时的显示效果会相对更为可控。

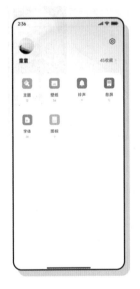
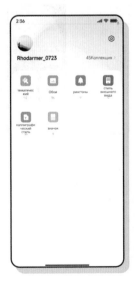
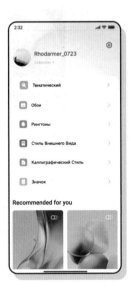

布局——谨慎使用横向排列布局

保持文本和图标的正确方向

　　LTR 语言从左到右显示内容，RTL 语言从右到左显示内容。当语言环境在两者之间进行切换时，文本和图标应始终处于其所用语言的正确方向。界面我们可以与开发合作自动调整布局。需要注意的是在图标的制作中，需要避免出现有方向性的图标。常见的镜像图标是后退和前进，这些通常不会出现问题。

布局——保持文本和图标的正确方向

从文化深处理解，避免视觉与文化的禁忌

　　如果我们的产品将要遍布全球，那我们就不能使用可能被误解或者根本无法理解的内容。

　　文化隐喻是指在某些文化中具有特定意义或情感价值的元素。这些元素可能在一个文化中是积极的，但在另一个文化中是消极的，或者完全没有意义。

　　不同国家对视觉隐喻有不同的理解，我们需要确保我们的设计不包含任何可能被误解或冒犯的文化隐喻。

　　一般来说，我们要避免有宗教象征、手势和有政治意象的图像，因为不同地区可能对它们有不同的看法。

避免出现特指元素

图像不仅仅是装饰。它是一个强大的工具，可以帮助你表达和差异化你的产品。

认知包容性，是指设计时需要考虑到不同文化背景下，用户对于某些元素、符号的认知是否相通。当产品出现需要单独使用图标来指代信息的情况时，需尽量保证选用的图标具有全球性的大众共识，不能产生歧义。基础图形有代表播放的三角形、带有特指的货币符号等。

选择有共识的图形

小结

个性化定制设计不仅给手机行业带来了新的创意与活力，拉动了定制手机在年轻受众的口碑与销量，使冰冷的手机与信仰和精神发生链接，也让手机品牌更具亲和力、影响力，品牌格调更内在化成为人格力量，打动人心。

我们相信，用心的个性化定制设计、情感化的设计，就是有温度的设计，能够为品牌带来年轻受众的认同感、归属感，我们也希望为大家带来更优质的专属设计体验。

成娅楠

小米国际互联网用户体验设计师，负责小米国际主题商店的体验创新与设计工作。专注跨文化的视觉传达及跨区域的情感化设计。

设计理念：跨区域跨文化的群体有着不同的使用习惯，深入了解本地用户的需求、学习理解本土文化才能设计出更受欢迎的产品。

体验大脑建设与应用体验度量3.0：全景式体验监测方案

◎ 王珺　吴恺君

伴随着互联网流量红利的减弱，银行迎来存量客户深耕阶段，从以产品为中心向客户为中心、从做功能向做体验转变已成为必然的发展趋势，用户体验管理的需求量和复杂性将大幅提升。目前NPS等业界传统用户体验度量方法已在实践中广泛应用，但存在评价维度单一、评价时效性不高、评价结果无法直接落地等问题，无法满足业务、产品、研发等多角色对用户体验监测及管理的需求。本文聚焦体验监测质效提升，通过全景式体验监测方案设计及实践应用，实现更精准的用户感知和高效的用户响应，为体验提升提供决策支持。

1. 工商银行体验度量的发展

在用户体验行业发展初期，用户体验工作往往以定性的研究方法为主，用户反馈的闭环能够直接带来体验的提升，但随着收集的信息和体验问题越来越多，单纯的发现—解决所带来的体验提升会越来越难，首先很难判断体验提升关键点；其次无法掌握整体体验水平，无法在企业内建立统一的体验认知。唯问题论对我们提出了巨大的挑战，问题的数量和体验好不好并不是完全正相关的，只看问题会让我们缺失对产品体验水平的把握，于是我们需要一把尺子来衡量体验水平。

1）体验监测1.0——用户净推荐值

在体验度量1.0阶段，我们拥有了标准化的尺子，常用的度量方法包括用户满意度（CSAT）和用户净推荐值（NPS）。CSAT用于衡量产品短期内的用户主观感受及对产品的幸福感，NPS用于了解用户对该品牌或产品主动推荐的意愿。

这种单维满意度的出现解决了量化体验指标缺失的问题，至今还在广泛的应用。但单维的体验度量仅可测量整体水平，无法下钻分析细分维度的优劣，定位体验提升方向，此外NPS作为一个推荐意愿的指标，它所适用的场景和范围实际上作为一个汇总后的统计结果，失去了明细数据的统计分析价值。

> **CSAT**(customer satisfation)，即「满意度」于1965年提出，其后被广泛应用于衡量产品短期内的用户主观感受及对产品的幸福感。满意度的适用性非常高，可以看整体的产品体验满意度,也可以看具体的某个功能的满意度。

> **NPS**(net promoter score)，即「净推荐值」于2003年被提出，是一种计量某个客户将会向其他人推荐某个企业或服务可能性的指数。NPS被用于衡量目用户长期的幸福感，广泛用于互联网产品来衡量用户忠诚度。

2）体验监测2.0——ETS用户体验评估模型

在体验度量2.0阶段，更多维的体验评估模型应运而生，如谷歌的HEART模型。工商银行也结合自身业务特点，自主研发了ETS用户体验评估模型。和NPS相比，ETS模型更全面，包含8大主维度和27个特征指标，能更全面地反映用户体验水平；ETS模型更深入，以关注度和满意度构建体验优化矩阵，在评估体验水平的同时，可以定位体验提升优先级；ETS模型更便捷，创新采用正负多选题替代量表评分题，仅需3题即可获取全量数据，评估量减少70%。目前ETS模型已发布团体标准《金融界面类产品精品指数（ETS）用户体验评估指南》，并在全行广泛使用。

3）体验监测3.0——体验大脑（PEMS全景式体验监测方案）

ETS用户体验评估模型告诉了我们用户在想什么（用户态度），但随着以用户为中心的深入贯彻，体验监测的需求更加旺盛，我们还需要知道用户在说什么、做什么、用户是谁，才能实现更精准高效的用户感知和响应。

于是我们进入了体验监测3.0阶段，从0到1搭建了体验大脑——PEMS全景式体验监测方案。

2. 从0到1搭建体验大脑

体验大脑的核心思路包括测量、诊断、建议、追踪。测量将主观态度数据拓展到行为和用户声音等多维数据，综合反映监测对象的整体体验水平；诊断则通过多维数据的交叉分析验证，定位体验提升的关键功能栏目和触点；建议则依托内外部真实用户反馈，提取关键声音，并转化为体验问题或优化建议，形成体验落地的具体抓手；追踪则通过各种数字化手段及体验监测的循环推进，持续跟踪体验优化效果和体验管理成效。

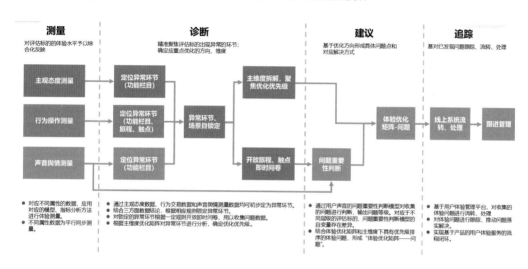

在测量、诊断、建议、追踪这条核心思路的指引下，我们细化完成了体验监测指标体系、体验分析模型和体验监测看板三部分建设。

1）构建监测指标体系，实现体验数据全景融合

体验大脑在传统的用户态度、用户声音等体验数据之上，整合了用户行为和用户特征等运营数据，形成了结构化的体验监测指标体系。其中用户主观态度是以ETS为基础，用户声音数据是真实用户反馈的文本数据，可以通过渠道平台前端的长期问卷及众测布放，实现持续实时的数据收集；用户行为和用户特征则依托于大数据资产实时获取。体验监测指标体系结合了主观与客观量化数据、体验与运营数据的融合，更全面地把握用户体验情况。

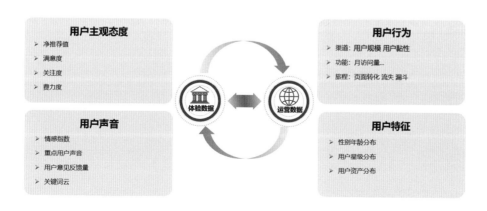

2）探索体验分析模型，实现体验监测高质效运转

体验人脑包含三类体验分析模型，第一类是数据清洗模型，可以有效去除噪声数据，提升分析的准确度，如问卷数据清洗模型建立"清洗规则池"并嵌入问卷系统，可以自动完成用户态度数据清洗；第二类是数据分析模型，可以将原始的用户数据快速转化为看得懂有用的监测指标结果，提高监测效率，如文本分析模型利用自然语言处理技术在大量的用户声音中定位有效声音，并转化为综合量化的情感指数；第三类是智能诊断模型，综合考虑用户行为、用户态度及近期的波动值等多维指标，并通过数学算法将高维的数据降维转化为体验关注度，定位高关注版块，并为体验提升提供策略和方向指导，可以有效降低体验决策复杂度，为体验管理提供方向指引。

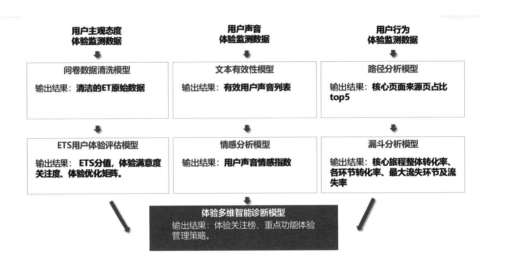

3）构建体验监测看板，实现体验动态可视呈现

体验大脑构建的体验监测看板包含三大版块，一是体验总览，选取反映整体体验情况的核心指标，通过本期及历史数据对比，从用户态度、用户行为、用户特征、用户舆情全面把握整体体验水平，在宏观层面提供快速体验概览；二是体验智能诊断，从生命周期的视角出发，通过高维数据分析模型，定位旅程中最值得关注的环节，在中观层面给出体验管理策略方向；三是旅程体验详析，聚焦重点环节，以可落地为目标，通过路径旅程拆解，用户原声分析，还原体验痛点和流量堵点，为体验优化提供清晰的行动建议。这三大版块分别回答了体验怎么样，哪里好哪里不好，问题是什么，如何提升，形成了体验监测到体验管理的闭环。

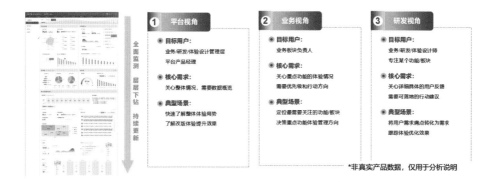

*非真实产品数据，仅用于分析说明

以上便是体验大脑的最终方案，由体验监测指标体系、体验分析模型集合、体验监测可视看板等多项标准化服务构成，可及时持续追踪真实用户所言所行所想，针对性输出体验优化策略和行动建议，用于重点渠道的长期体验监测及管理，实现精准高效的体验感知和响应。

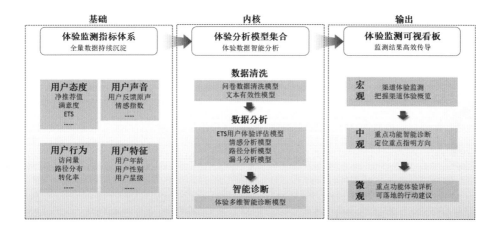

3. 体验大脑应用成效

体验大脑已在工商银行重点渠道完成了全面部署，通过统一体验认知、全面量化评估、持续定期更新、精准体验下钻、高效感知用户、助力体验质效升级。

1）把握体验趋势、统一体验认知

体验大脑的落地构建了工商银行第一个动态更新的全景式可视化体验监测看板，在体验监测维度和数据量上都有了成倍至几十倍的提升，在持续性上将体验评估频率从年更提升到按月更新，在精准性上从分散的数据升级到结构化视图，实现了从策略方向到行动落地的闭环，帮助运营人员和产品设计人员全面掌握体验水平及变化趋势，让体验监测更解渴。

2）聚焦体验重点、深入用户洞察

体验大脑在体验数据（X-data）和运营数据（O-data）的融合上做了更深入的尝试，并依托体验多维智能诊断模型综合分析用户行为、用户态度及变化趋势，明确高活跃高满意度的优势版块、定位高活跃低满意的重点板块及客群，并据此开展专项研究深入分析体验提升机会点。

3）问题层层下钻、推进体验提升大小闭环

一方面，体验大脑实时收集用户声音，转化为优化建议，定位核心金融功能和热点运营活动的用户堵点痛点，从体验监测开始，到专项研究跟进，到问题解决，构成体验提升小闭环。

另一方面，体验大脑从体验监测开始，到洞察验证，到设计落地，迭代优化，循环往复，构成体验提升的大闭环。

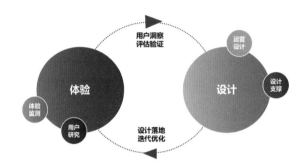

王珺

就职于中国工商银行业务研发中心用户体验部，任用户体验产品线资深用户研究员，拥有9年银行用户体验工作经验，牵头行内多个重点用户研究项目，负责工商银行信用卡和信用卡App体验提升工作。作为主要作者发布团体标准《金融界面类产品精品指数（ETS）用户体验评估指南》，坚持"用户不是账户"的人本理念，在金融领域打造极致产品使用体验。

设计理念：感用户所感，超用户所期。

吴恺君

中国工商银行业务研发中心资深用户研究员，在金融领域有8年用户体验从业经验，在标准化用户体验量化评估、体验监测方面有丰富的经验，为金融服务的体验提升提供客观中立的用户视角，输入新思路，创造新价值。

如何通过服务设计
提升产品服务

◎ 杨晓婉

在很多产品的生产研发过程中，设计师需要知道如何利用服务设计的方法，找到生态服务缺口，推动企业的重视和配合，这样才能完善服务和产品链路，让自身的设计价值能够被发现。

此次的工作坊以腾讯企业IT产品服务提升作为实践案例，让中高级及以上的设计师可以建立服务设计体系思维，掌握如何用服务设计思维助力企业服务，同时让设计能够产生更高的价值，提升设计师在工作中的思维模式及核心能力。

1. 什么是服务设计

要知道服务设计是什么，首先思考服务设计和产品设计的区别是什么。产品设计，通常为用户提供特定功能，是有形的体验，参照物是产品本身的竞品。如手机的产品设计，提供电话、短信、上网功能，竞品是各种品牌的不同手机。而服务设计，则为用户提供情感，是无形的体验，参照物可能是人生中所有的体验。如苹果手机的服务设计，提供除手机功能外的其他体验，从进Apple Store，服务人员帮忙挑选、安装机器，到后续所有的服务，构成了服务设计的整体链路。

服务设计这个概念不是标准的，而是约定俗成的，概念有其内涵和外延。目前比较为大众熟知的定义是，有效地计划和组织一项服务中所涉及的人、基础设施、通信交流以及物料等相关因素，从而提高用户体验和服务质量的设计。

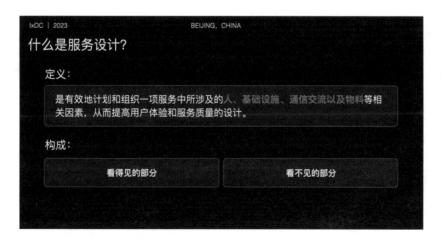

服务设计的构成包括可见的部分和不可见的部分。

思考一个问题：我们熟知的海底捞与迪士尼的"看得见"和"看不见"的服务分别是什么？

对于海底捞来说：看得见的是店面环境、菜单、网站、饭菜、饮料、美甲、擦鞋、表演、店员服务等；看不见的是品牌建设、菜品规划、技术开发、食材备料、菜品制作、设施筹备、技能培训、员工福利、制度建设……

对于迪士尼来说：看得见的是节目表演、烟花、园区场景、城堡花园、游乐设施、酒店、餐厅等；看不见的是品牌建设、园区规划、技术开发、创意构想、节目策划、节目制作、设施筹备、园区维护、技能培训、员工福利、制度建设……

为了更全面、高效地整合看得见和看不见的服务内容，通常会用到服务蓝图的方法。

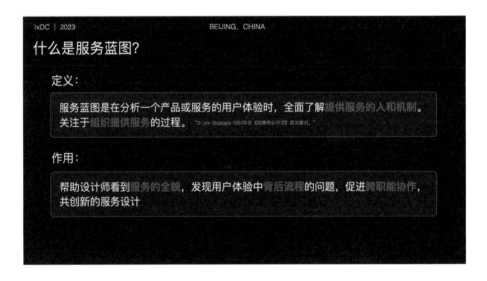

服务蓝图是在分析一个产品或服务的用户体验时，全面了解提供服务的人和机制。关注于组织提供服务的过程。服务蓝图可以帮助设计师看到服务的全貌，发现用户体验中背后流程的问题，促进跨职能协作，共创新的服务设计。

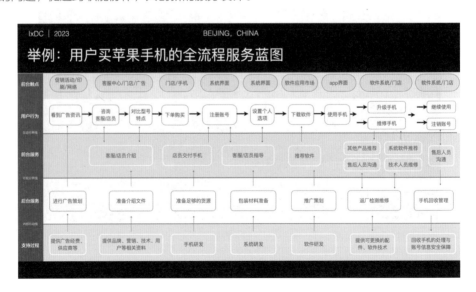

2. 设计师为什么要有服务设计思维

设计师不要仅限于眼前的需求，孤立地做一个产品或功能。越高阶的设计师，着眼点越宽，全面培养自己全局思考的能力。

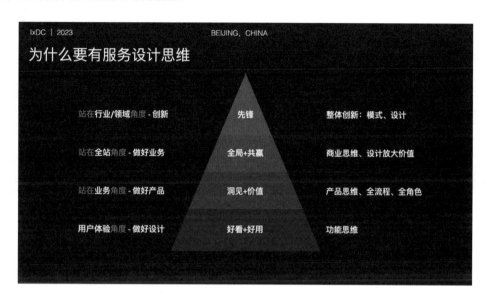

3. 用服务设计的方法设计腾讯企业IT产品

一个好的IT系统，需要做到安全、稳定、高效，即安全的办公环境、稳定的网络和高效的日常办公。

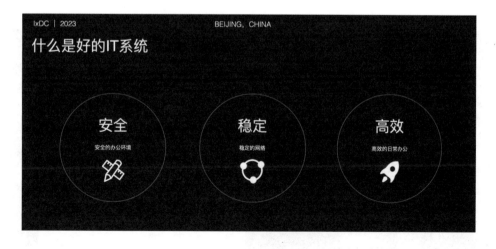

案例：分析腾讯员工从入职、日常办公到离职整个流程IT类相关的任务场景，并找到服务痛点，产出解决方案。

首先，用服务蓝图的方法，梳理整个流程。值得注意的是，痛点来源可以是用户、前台、后台、支持过程中任何一个环节。

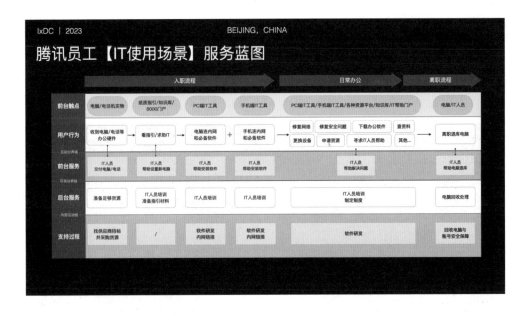

我从三个痛点的分析和解决方案，来说明如何使用服务设计方法。

1）痛点1：新人入职流程的指引问题

在新用户入职时，我们会随电脑分发一张指引说明，指引用户安装手机、电脑、电话等各种IT设备。但是我们发现，在电脑运输过程中，指引丢失情况较多，且指引内容不全。导致很多新员工求助IT工作人员，或其他同事，帮其完成入职流程。

这个痛点发生在用户（看指引）、前台服务（IT人员帮助安装）两个环节。

为了解决这个问题，我们提出将纸质指引线上化。

（1）通过小程序的方式，让用户扫码或通过短信链接的方式启动小程序，并配置后台测量用户安装效率，助力后续体验优化。

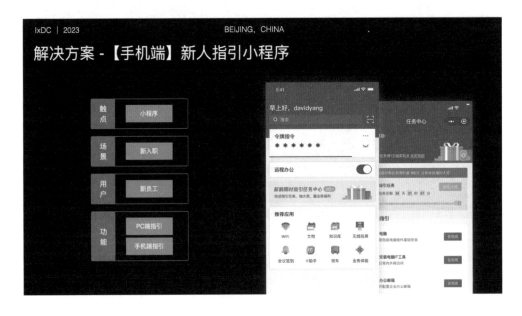

（2）在PC端IT工具中，设计"新人一键安装"功能，减轻用户手动安装负担，提升效率。

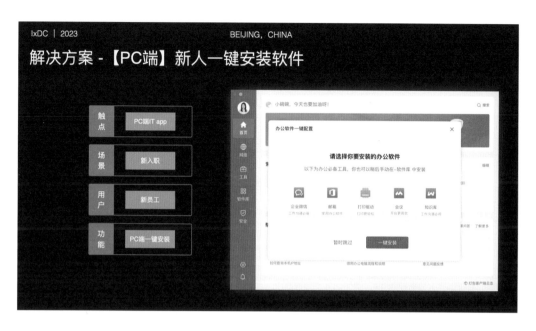

2）痛点2：日常办公流程中工具的使用

在用户日常办公流程中，公司IT工具较多，入口分散；断网无法链接；设备中毒无法修复。

这个痛点发生在用户(使用IT工具)、前台服务(IT人员帮助修复网络、修复中毒)环节。

针对这几个问题，与产品专员一起对PC端IT工具产品进行重新定位、功能扩展，并最终输出设计方案。

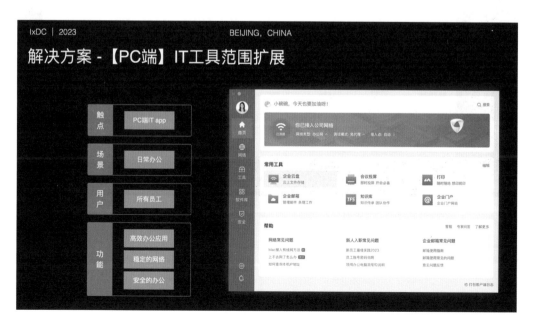

3）痛点3：日常办公流程中知识库的使用

在用户日常办公流程中，遇到IT问题通常通过知识库平台进行求助。首先，分析知识库平台内容的来源，部分来源于IT服务人员撰写的帮助文档，另一部分来源于产品负责人写的产品指引。

但是因为知识库内容老旧等问题，用户无法获得准确的帮助。这个痛点产生的原因主要在于后台服务（IT人员、产品负责人撰写知识库）环节。

通过与知识库撰写、审核、线上化这一整个流程中的参与者进行深入访谈，了解一篇文章的整个发行流程后，我们认识到，知识库内容陈旧的原因是文档没有人维护、没有标准、质量参差不齐。

于是设计师牵头组织工作坊，邀请产品、研发、IT知识库撰写员、知识库审核员等所有岗位的同学一起进行头脑风暴，找出问题和解决方案，共同产出了以下针对后台服务的优化措施。

（1）通过奖惩机制，提升撰写人员更新动力。

（2）制订文章拆分及编辑的标准，建立案例模板，使文章质量标准统一。

（3）建立用户打分模式，低于一定分数判为"无效"，与奖惩机制结合，提醒文章作者更新内容。

将所有的解决方案重新输入到服务蓝图中，得出了下图新的服务蓝图。

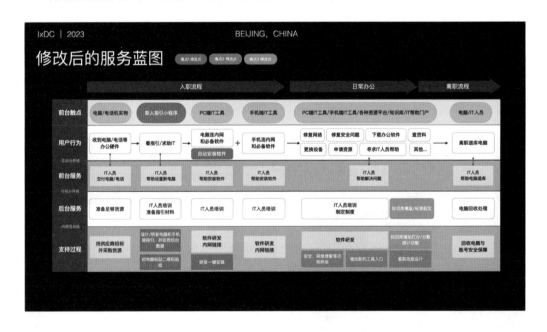

4. 写在最后

通过以上案例讲解，我们了解到服务设计能够在整个服务或系统上定义问题，捕捉和获取每个相关人的视角，无论是用户还是服务人员。服务体验意味着关注如何满足流程中所有相关人的需求，提升所有环节的体验。有了服务设计的方法支撑，系统效率得到了极大提升，也让更安全、高效的产品体验得以实现。

 杨晓婉

　　腾讯用户研究与体验设计部（腾讯CDC）高级交互设计师，7年UX工作经验，有丰富的企业平台级后台系统设计经验，负责腾讯企业IT产品生态、腾讯设计体系、腾讯教育等项目的设计。毕业于美国弗吉尼亚理工大学设计学硕士，曾就职于美国T-Mobile和上海蚂蚁金服。当前专注于B端产品体验设计。

　　设计理念：设计在于提升产品和服务体验的总和，这样才能发挥更大价值。

设计领导力大咖谈

1. Barry Katz　斯坦福大学设计教授，IDEO首位研究员

设计领导力在三个不同但相互关联的层面上发挥作用。

首先是行业层面。领导力意味着制定一套标准，包括道德、环境和社会标准，并以此为行业树立榜样。

然后是客户层面。近年来，设计师开始从工作室走向会议室，这意味着企业正在倾听我们的声音。如果他们倾听，那我们就该畅所欲言，领导力意味着帮助企业制定负责任且可持续的企业战略。

最后是消费者层面。即使用我们创造的产品人，领导力意味着不迎合那些昙花一现的时尚或毫无意义的欲望。而是向人们展示我们的愿景，我们理想中的社会，以及在这个充满冲突和危险的世界我们想要成为什么样的人。

2. 田斌　工业和信息化部国际经济技术合作中心工业经济研究所所长

领导力实际上是由人来决定的，它通过评估和促进从省级到国家级的发展。高层领导对工业设计的充分理解是至关重要的，同时设计部门也需要将一些想法和思路有效地反馈给高层领导。因此，在企业中，领导力应该更加明显地体现出来。

之前我们讨论了工业设计如何赋能制造业，现在我们更强调工业设计如何引领和牵引制造业。这种领导作用需要整个公司的负责人充分认识到设计在企业发展、制造业转型升级以及提升附加值的过程中所发挥的关键性作用。这需要领导力的充分参与，而不仅仅是依赖每一位设计师的个人认知。因此，设计领导力是未来推动全国工业设计发展的重要方向。

3. 张琦　世界绿色设计组织（WGDO）执委

在宏观层面，设计涉及具有战略思想的理论和方法。对企业而言，设计与企业的战略和经营决策直接相关。对决策者来说，了解设计的体系和思想方法至关重要。因此，无论是企

业决策者还是经济部门的政府领导，都应具备一定的设计领导力。如果没有这种领导力，他们将无法利用设计的思想和方法论，将理论和工具转化为生产力和竞争力。设计领导力是一个非常重要的支撑。

4. 辛向阳 广州美术学院设计思维与社会技术系统研究院院长

设计领导力是一个永恒且不会过时的话题。设计师的角色已经从过去的"美工"转变为现在能够参与产品定义和用户体验创新的核心力量。在用户体验创新过程中，工程师、市场人员和企划人员需要共同配合，我们希望提高设计在企业决策中的权重。

从"美工"到研发核心角色，从系统到战略，我们的工作对社会的影响越来越大。因此，我们的角色可能需要更系统化，我们在生产过程中的作用要前移，做出早期决策。从企划到产品定义，甚至到整个战略，我们要逐渐建构和增强我们的领导力。

5. 杨光 阿里巴巴国际数字商业集团副总裁

在设计行业中，不仅要求设计师具备设计能力，同时还要求具备管理和领导能力。设计师不仅要进行设计工作，还需要管理团队、引领乃至影响整个行业，这些都是领导力的重要体现。

在我看来，这也是设计人才多元化的体现。深入设计人才的发展过程中，我们会发现，除了专业知识外，领导力、商业能力等综合能力对于一个设计公司乃至一个设计师的成长同样至关重要。

6. 王守玉 华为UCD中心部长

关于设计领导力，我的理解主要包括以下三方面：

首先，设计领导力要始终以用户为中心，推动创新设计的实现，并确保进行充分的体验概念设计验证。

其次，鉴于我们的设计对象具有系统性和复杂性，我们需要跨团队的协同合作和系统性协作，以确保创新设计成果能够高质量地落地实施。

最后，设计领导力应将用户体验设计目标作为商业成功的重要考量指标，并确保自上而下的目标一致性。

7. 黄峰 唐硕咨询CEO

关于设计领导力，我的理解包括以下三方面：

首先，设计领导力需要运用同理心来发现真正的用户价值创新点。

其次，设计领导力应通过整合设计体验，打造能够满足用户日益复杂需求的品牌价值系统。

最后，设计领导力需要以数据为基础，不断验证和迭代设计的商业价值。

8. 罗成 浪尖集团董事长

世界设计组织（WDO）在2015年对设计进行了重新定义：设计旨在引导创新，推动商业成功，并提供更高品质的生活。对于设计领导力，我们在以下四方面有深刻的体会：产品竞争力、产业推动力、区域经济发展力以及文明融合力，即以人为本、传承文化，促进生态文明的持续发展。

设计不仅仅是解决单一问题的工具，它对整个社会和区域经济的发展具有深远的影响，同时对产业的发展也具有重要的价值。